D1690079

Schriftenreihe des Arbeitskreises
Europäische Integration e.V.

Band 108

Christian Baldus | Friedemann Kainer [Hrsg.]

Zur Finalität der Europäischen Union

Zweckverband und Gesellschaftszweck in der Judikatur des EuGH

Festkolloquium für
Peter-Christian Müller-Graff
zum 75. Geburtstag

Die Deutsche Nationalbibliothek verzeichnet diese Publikation in
der Deutschen Nationalbibliografie; detaillierte bibliografische
Daten sind im Internet über http://dnb.d-nb.de abrufbar.

ISBN 978-3-7560-0760-8 (Print)
ISBN 978-3-7489-1521-8 (ePDF)

Onlineversion
Nomos eLibrary

1. Auflage 2023
© Nomos Verlagsgesellschaft, Baden-Baden 2023. Gesamtverantwortung für Druck
und Herstellung bei der Nomos Verlagsgesellschaft mbH & Co. KG. Alle Rechte, auch
die des Nachdrucks von Auszügen, der fotomechanischen Wiedergabe und der Über-
setzung, vorbehalten. Gedruckt auf alterungsbeständigem Papier.

Inhaltsverzeichnis

Einleitung   7

Wolfgang Kahl
Ansprache und Begrüßung des Dekans der Juristischen Fakultät
der Universität Heidelberg   11

Christian Heinze
Begrüßung durch den geschäftsführenden Direktor des
Instituts für deutsches und europäisches Gesellschafts- und
Wirtschaftsrecht   17

Wolfgang Kahl
Der „Zweckverband funktioneller Integration" bei
Hans Peter Ipsen   23

Vassilios Skouris
Verwirklichung einer immer engeren Union der Völker Europas   51

Lajos Vékás
Europäisierung des internationalen Privatrechts – Einige Aspekte
in der Judikatur des EuGH   63

Peter-Christian Müller-Graff
Rapport de Synthèse mit Ausblicken: Zur Finalität der
Europäischen Union: Zweckverband und Gesellschaftszweck in
der Judikatur des EuGH – Das zielgebundene transnationale
Gemeinwesen   77

Franziska Feinauer
On the Purpose and Finality of the European Union   101

Autoren- und Herausgeberverzeichnis   109

Stichwortverzeichnis   111

Inhaltsverzeichnis

Normenregister 117

Rechtsprechungsregister 121

Namensregister 123

Einleitung

Wissenschaft braucht Modellbildung, Modellbildung führt zu und lebt von Begriffsbildung – zu Erkenntniszwecken ebenso wie aus wissenschaftskommunikativen Gründen, soweit man das denn trennen kann. Zugleich beeinflusst und formt der Begriff die soziale und rechtlich verfasste Wirklichkeit. Für das Recht der Europäischen Gemeinschaften, der Europäischen Gemeinschaft und der Europäischen Union gilt das wie für jedes dynamische Rechtskorpus in besonderem Maße. Spezifische Schwierigkeiten stellen sich, weil in diesem Recht inhaltlich und sprachlich verwandte, aber verschiedene Traditionen zusammenfließen. Jede Entwicklungsstufe ist in Bewegung, in Teilen auch schnell überholt, andererseits wirken zentrale Elemente auch in verändertem Umfeld noch weiter: Die Welt von Costa/ENEL gibt es nicht mehr, die Entscheidung wirkt bis heute nach.

Fragt man nach zwei Schlagworten, um die herum sich eine Debatte (oder eine Einführungsstunde im Europarecht) organisieren lässt, dann findet man den Staatenverbund und den Zweckverband funktioneller Integration. Bund und Band, Metaphern, die zeigen, wie man national Geprägtes einerseits vermeiden will, weil an der Integration manches neu ist, und andererseits nicht vermeiden kann, vielleicht in Wahrheit auch gar nicht will. Metaphorik bedeutet weder Folgenlosigkeit noch Harmlosigkeit. Es geht um Definitionsherrschaft, damit um konkrete Rechtsfragen und auch um Macht.

Der Staatenverbund erinnert auf den ersten Blick an die Debatten der 1950er Jahre, als man versuchte, die damaligen Gemeinschaften mit dem vorhandenen staats- und völkerrechtlichen Instrumentarium zu fassen, namentlich im Vergleich von Staatenbund und Bundesstaat. Dieser scheinbare Kompromiss zwischen intergouvernementaler Zusammenarbeit und Staatlichkeit der europäischen Integration will begrifflich als wissenschaftliche Kategorie wahrgenommen werden. Gerade an ihm zeigt sich, wie politisch rechtswissenschaftlicher Diskurs sein kann und in diesem Falle auch sein wollte.

Dies hat seine Berechtigung, weil die europäische Integration ein politischer Prozess ersten Ranges ist, dessen Entwicklung die Herausbildung einer ganz neuen Kategorie internationaler Kooperation notwendig gemacht hat. Wenn die Integrationalisten das „supra-" vor das „national" setzen, dann stellt der staatsrechtliche Reflex das „Staaten-" vor den „Verbund". Wenn heute jedenfalls im (deutschen) öffentlich-rechtlichen Diskurs der Staatenverbund dominiert, dann handelt es sich durchaus um eine politische Kategorie, deren wissenschaftliches Problemlösungspotential indes begrenzter ist, als sie verspricht, und der wenig dazu beiträgt, etwa den Rechtsprechungskonflikt in der leidigen Vorrangfrage aufzulösen. Ein weiterer und von fachlichen Vorprägungen beeinflusster Aspekt kommt hinzu: Jeder Ansatz, die europäische Integration von staatsrechtlichen Kategorien her zu denken (wie sie dem jeweiligen nationalen Publikum vertraut sind), betont das Nationale und verhindert – bewusst oder unbewusst – eine europaweite Begriffsentwicklung zur begrifflichen Modellierung der europäischen Integration.

Diese Überlegungen haben die Integrationsforschung von Anfang an begleitet und so den Boden für die Zweckverbandslehre gelegt, welche in der Lehre von Hans Peter Ipsen als Zweckverband funktioneller Integration modellhaft für die Europäischen Gemeinschaften begründet wurde. Auch sie ist indes politischer angelegt als sie zunächst scheint. Andererseits ist in der Zweckverbandslehre eine Verknüpfung von Aufgabe und Befugnis angelegt, welche flexibler als die staatsrechtlich gedachte Kategorie des Staatenverbundes angelegt ist und damit Antworten auf die Dynamik der europäischen Integration geben kann. Wann immer nämlich dem europäischen Integrationsprojekt Aufgaben zugeordnet wurden, sei es die Schaffung eines Binnenmarktes (1987), die Wirtschafts- und Währungsunion (1993), die Einführung eines Raums der Freiheit, der Sicherheit und des Rechts (1999) oder zuletzt NextGenerationEU als Programm zur Bewältigung der Folgen der Pandemie und des Krieges in der Ukraine (2022), sind der Union – zumeist durch Aufwuchs der primärrechtlichen Rechtsgrundlagen, im letzten Fall durch extensive Anwendung des Art. 122 AEUV – die entsprechenden Befugnisse zugeteilt worden. Aber auch der Europäische Gerichtshof hat nicht gezögert, die großen Entwicklungsstufen des europäischen Rechts (etwa die Entwicklung von unmittelbarer Anwendbarkeit und Vorrang des Gemeinschaftsrechts) mit dessen auf (Wirtschafts-)Integration gerichteten Zweck zu begründen. Ähnliches gilt schließlich zur Bewältigung der Herausforderungen für die Rechtsstaatlichkeit in manchen mittelosteuropäischen Staaten (Konstitutionalisierung der Werte in Art. 2 EUV).

Zweck und Verband sind also funktional aufeinander bezogen, offen für den politischen Prozess der Zweckfindung, aber zugleich konsequent in der Realisierung und dabei im Ansatz frei von nationalen – staatsrechtlichen oder ideologischen – Leitplanken. Mit Blick auf die gewaltigen Herausforderungen, vor welcher Europa im Hinblick auf wachsende weltpolitische Unruhe einer multipolaren Ordnung, die Gefährdung der demokratischen und rechtsstaatlichen Verfasstheit von innen und außen sowie den sich anbahnenden klimatischen Wandel steht, stehen gute Gründe dafür, die europäische Integration im politischen Prozess und in der wissenschaftlichen Begriffsbildung zukunftsoffen zu denken.

Man tut vor diesem Hintergrund gut daran, neu nach dem Zweckverbandsgedanken zu fragen, nach Gründen für Erfolg und Misserfolg, Grenzen und Potential dieses Gedankens, zumal er dem verfassungsrechtlich interessierten Wirtschaftsrechtler naheliegt. Das ist Peter-Christian Müller-Graff, zu dessen 75. Geburtstag am 29.9.2020 das hier dokumentierte Kolloquium geplant war; pandemiebedingt verschoben, hat es dann am Europatag 2022, dem 9. Mai, stattgefunden.

Das Kolloquium stand unter der Überschrift der Finalität der Europäischen Union. Finalität ist ein Aspekt, der privatrechtliche und öffentlichrechtliche Organisationsformen im Ansatz verbinden kann. Ob und wie er auf den Integrationsprozess passt, darüber haben die Referenten, der seinerzeitige Dekan der Heidelberger Fakultät und drei ihrer auswärtigen Ehrendoktoren, jeweils aus der Perspektive ihrer Forschungen nachgedacht; einer der Kollegen war leider durch andere dringende Verpflichtungen daran gehindert, seine Schriftfassung abzuschließen. Korreferenten, deren Beiträge hier nicht abgedruckt sind, haben die Diskussion angeregt. Der rapport de synthèse gehörte, ungewöhnlich und doch hier ganz passend, dem Jubilar selbst: Wer Peter-Christian Müller-Graff kennt, weiß, dass dies seine Paradedisziplin ist, und wer am 9.5.2022 in Heidelberg war, konnte ihn in dieser Disziplin erleben.

Wir danken außer den Referenten, Korreferenten und Diskutanten der Gesellschaft der Freunde der Universität Heidelberg, die das Kolloquium finanziell erst ermöglicht hat; Herrn Kollegen Heinze als Lehrstuhlnachfolger des Jubilars für großzügige materielle wie immaterielle Unterstützung; unseren Lehrstuhlteams für die Organisation (gemeinsam mit Herrn Müller-Graffs langjähriger Sekretärin Ursula Hartenstein, jetzt tätig am Lehrstuhl von Herrn Heinze) sowie für Tagungsberichte[1]; derjenige von Frau stud. iur. Franziska Feinauer (LL.B.) ist in diesem Band dokumentiert. Wir danken ferner Frau stud. iur. Tabea Glatkowski, Herrn stud. iur. Johan-

---

[1] *Feinauer*, integration 2022, 248 ff.; *Fillmann / Schlosser*, Revue du Droit de l'Union européenne 2022, 243–247; *dies.*, Rechtswissenschaft 2023 (im Druck).

Einleitung

nes Lorenz, Frau stud. iur. Lea Röller und Herrn stud. iur. Tim Weingärtner für redigierendes Korrekturlesen sowie Frau Nóra Szabó, LL.M., und Frau Rechtsreferendarin Lisa Weck für die Registererstellung; last but not least dem Nomos-Verlag und hier Herrn Kollegen Rux, der keinen Moment gezögert hat, das Projekt verlegerisch zu betreuen.

Christian Baldus   *Friedemann Kainer*

Ansprache und Begrüßung des Dekans der Juristischen Fakultät der Universität Heidelberg

Wolfgang Kahl

Sehr geehrter Herr Präsident des Bundesverfassungsgerichts,

sehr geehrter Herr Richter am Gerichtshof der EU Professor Csehi,

hohe Festversammlung,

lieber Herr Müller-Graff,

namens der Fakultät begrüße ich Sie herzlich zum Festkolloquium zu Ehren von Herrn Kollegen Müller-Graff. In einem wissenschaftlichen Kolloquium steht das Sachthema im Vordergrund; einige Eckdaten zu Leben und Werk des Jubilars seien dem Dekan gleichwohl erlaubt, zumal sie auch geradewegs zu unserem heutigen Thema hinführen. Wirtschaftsrecht und Europarecht stehen bei dem Jubilar nämlich seit nunmehr fünfzig Jahren in engster Verbindung miteinander und im Zentrum seiner weitgespannten wissenschaftlichen Interessen.

Peter-Christian Müller-Graff, geboren 1945 in Freising, wurde nach Studien in Göttingen, Berlin, Tübingen und Cornell 1973 bei Ludwig Raiser promoviert mit einer Dissertation über die „Rechtlichen Auswirkungen einer laufenden Geschäftsverbindung im amerikanischen und deutschen Recht". Das 1974 abgeschlossene Referendariat führte ihn unter anderem in den Juristischen Dienst der Kommission. 1982 erfolgte unter Betreuung von Wernhard Möschel die Habilitation über „Unternehmensinvestitionen und Investitionssteuerung im Marktrecht". Ausgestattet mit den *veniae legendi* für Bürgerliches Recht, Handels-, Gesellschafts- und Wirtschaftsrecht, Europarecht und Rechtsvergleichung, erhielt der Jubilar in rascher Folge Rufe nach Köln, wo er auch dem Wettbewerbssenat des OLG angehörte, Trier und dann Heidelberg; weitere ehrenvolle Rufe nach Osnabrück, Mainz und Würzburg lehnte er ab, die beiden letztgenannten zugunsten unserer Fakultät, wo er seit 1994 der Aktivitas angehörte, in schwierigen Zeiten von 1999–2004 Dekan war und seit 2016 Seniorprofessor ist.

Für die lange Liste seiner weiteren Ämter und Funktionen im In- und Ausland ebenso wie für seine weit über 700 Publikationen verweise ich auf die Festschrift, die er 2015 erhielt. Ich selbst hatte die große Freude, mit ihm auch einige Jahre gemeinsam im Ständigen Ausschuss des Deutschen Juristen-Fakultätentages, dem er später als Vorsitzender und heute als Ehrenvorsitzender dient(e), zusammenzuarbeiten. Auch diese Zusammenarbeit war für mich, wie die in der Fakultät, fachlich wie kollegial aufgrund der hohen Kompetenz und der bei aller Entschiedenheit in der Sache und notwendigen Prinzipienfestigkeit trotzdem stets humorvollen Gelassenheit des Jubilars eine sehr angenehme und bereichernde. Besonders erwähnen darf ich ferner die Tätigkeiten von Peter-Christian Müller-Graff als Vorsitzender des Vorstands des Arbeitskreises Europäische Integration, als Fachgruppensekretär der Wissenschaftlichen Gesellschaft für Europarecht und im Verein Heidelberger Europagespräche. Sein ungewöhnliches, auf breiten sprachlichen und kulturellen Grundlagen ruhendes Engagement für die europäische Einigung in Forschung und Lehre bis in die Beratung zahlreicher Entscheidungsträger hinein schlägt sich unter anderem auch in vier Ehrendoktortiteln nieder, die ihm – neben anderen Ehrungen – verliehen wurden: 2008 in Bergen, 2011 in Krakau, 2015 in Athen, 2018 in Kiew; sein Einsatz für die Rechtstransformation in der Ukraine schließt nahtlos an seine langjährige Tätigkeit in verschiedenen Ländern Ostmitteleuropas, namentlich für die Jagiellonen-Universität Krakau, an, mit der uns eine bewährte Partnerschaft verbindet.

Umgekehrt wusste er immer herausragende ausländische Gelehrte für Heidelberg zu gewinnen und stand damit – wie kaum ein zweiter – in den letzten Jahrzehnten für die internationale Offenheit der Juristischen Fakultät Heidelberg; das Motto unserer Universität *Semper apertus* personifiziert er mithin nachgerade. Diese außergewöhnliche internationale Ausstrahlung und Vernetzung des Jubilars spiegelt sich auch in dem Teilnehmer- und insbesondere Referentenkreis unserer heutigen Veranstaltung wider: Es ist mir eine besondere Freude, als Hauptreferenten des heutigen Kolloquiums drei Heidelberger Ehrendoktoren begrüßen zu dürfen: Herrn Kollegen Skouris aus Thessaloniki, früher Präsident des Gerichtshofs der Europäischen Union; Herrn Kollegen Graver aus Oslo, früher Präsident der Norwegischen Akademie der Wissenschaften sowie Herrn Kollegen Vékás aus Budapest, Vizepräsident der Ungarischen Akademie der Wissenschaften, alle drei bis heute vielfach im Integrationsprozess engagiert. Den Kommentatoren, Frau Kollegin Lübke, Herrn Dr. Braun und Herrn Kollegen Repasi, Schülerin und Schüler des Jubilars, danke ich für ihre wichtige Rolle im Dialog der Generationen und der Schulen.

Sehr geehrte Kolleginnen und Kollegen! Lassen Sie mich an dieser Stelle aus dem gewaltigen Œuvre des Jubilars nur zwei Schriften herausgreifen, deren Titel bereits überleiten zu den heute zu diskutierenden Themen: In erster Auflage erschien 1989 im Nomos Verlag das äußerlich schmale, inhaltlich aber höchst gehaltvolle Werk „Privatrecht und Europäisches Gemeinschaftsrecht – Gemeinschaftsprivatrecht"; 1993 im selben Haus der Sammelband „Gemeinsames Privatrecht in der Europäischen Gemeinschaft", hervorgegangen aus einer seinerzeit pionierhaften Tagung in Trier. In den 1980er Jahren begann der Jubilar damit, seine zuvor wie seither durchaus enzyklopädischen Interessen auf die Frage zu konzentrieren, wie man die Logik des Europarechts und die des Privatrechts systematisch zusammenführen könne. Systemrationalität war ihm immer ein zentrales Anliegen, ebenso wie dogmatische Fundierung und politischer Realismus; wie man ein Europa begreifen könne, dessen Integrationsprozess kein rein zwischenstaatlicher, sondern ein supranationaler ist, das wurde dem Wirtschaftsrechtler Peter-Christian Müller-Graff immer mehr zur wissenschaftlichen Lebensaufgabe. Er kennt die Vielzahl der dazu, prominent nicht zuletzt in Heidelberg, vertretenen Positionen und Zugriffe auf das Europarecht und reibt sich kritisch an ihnen.

Dies gilt vor allem dann, wenn diese alternativen Zugänge aus dem Öffentlichen Recht kommen, Staatlichkeit, Souveränität und Rolle des Bundesverfassungsgerichts aus seiner Sicht überbewerten, Supranationalität, unionale Wirtschaftsverfassung (Marktprinzip) und Unionsgerichtsbarkeit aber unterbewerten. Bis an den Rand der persönlichen Verzweiflung führt es ihn, wenn einzelne – wie der dieses Grußwort Sprechende in seiner Dissertation – sogar von der These eines relativen Vorrangs des Umweltschutzes gegenüber dem Binnenmarktziel ausgehen. Dem hält Müller-Graff seinen eigenen wirtschafts- und binnenmarktorientierten Zugriff auf das Europarecht entgegen, der heute im Laufe unserer Gespräche sicher vielfach zur Sprache kommen wird. Diesen vertritt er mit klaren Worten, ja Verve, Sachkunde und klassischer Gelehrsamkeit, aber vor allem – und dies scheint mir unter „Berufseuroparechtlern" (in Abwandlung von *Ipsens* „Berufseuropäern") keineswegs eine Selbstverständlichkeit – bei aller Europafreundlichkeit dort, wo angebracht, auch mit der Bereitschaft zur Kritik (am EuGH) und mit höchst fein ziselierter, differenzierter Argumentation (siehe etwa zuletzt seine Besprechung des PSPP-Urteils des BVerfG in Heft 3/2021 von „integration"). Es ist bei Müller-Graff ein ständiges offenes, alle Aspekte wägendes, umfassendes sachliches Ringen mit den Grundfragen der europäischen Integration. Die in zweiter Auflage vorliegende, von ihm gemeinsam mit Armin Hatje verantwortete Enzyklopädie Europarecht kann man auch als Bilanz eben dieses Ringens um die Struktur und Systemrationalität der rechtlich verfassten Union lesen.

Damit sind wir bei den Vorträgen des heutigen Tages: Das Generalthema setzt bei einem Ausdruck an, der früher gerade in Deutschland vielfach gebraucht wurde, ehe der Begriff des „Staatenverbundes" in den Vordergrund rückte: dem „Zweckverband funktioneller Integration". Dieser Ausdruck hat selbst seine Funktionalität und seine Geschichte. Zweckverband ist aber auch ein Wort, das an den Gesellschaftszweck des Privat- und Wirtschaftsrechts denken lässt. In der Gesellschaft verbinden sich Interessen autonom, im Privatrecht privatautonom. Wie verhält es sich mit der Europäischen Union, die ein Verbund von Staaten ist? Die Staaten sind Herren der Verträge, haben die Kompetenz-Kompetenz und definieren die Integrationszwecke. Aber das Unionsrecht hat zugleich eine erhebliche Eigendynamik und für diese spielen die Zwecke eine Rolle. Alles das wird uns heute beschäftigen. Es ist mir eine Freude und Ehre, dass die Veranstalter mir die Aufgabe zugedacht haben, das Zweckverbandskonzept von Hans Peter Ipsen begriffs- und ideengeschichtlich auszuleuchten.

Beschäftigen wird uns sodann, dass das Zusammenwirken souveräner Mitgliedstaaten in einem eigenständigen, supranationalen Hoheitsverband zu einer *ever closer Union* führen soll. Das ist das Thema des Vortrags von Herrn Skouris, ein sehr aktuelles angesichts von Brexit, Rechtsstaatskrise oder Ukraine-Krieg und deren Folgen. Aber auch der wachsende nationalistische Rechts- und Linkspopulismus in Europa gibt Anlass zur Sorge. Die Union wird größer, manchmal auch kleiner, jedenfalls bunter. Peter-Christian Müller-Graff hat daher immer wieder den Gedanken der differenzierten Integration betont, wonach die Integration einen Kern hat und ein Vorfeld.

Mehr als ein Vorfeld, im Gegenteil, sehr wichtig für den Kern der (ökonomischen) Integration ist Europäische Wirtschaftsraum, zu dessen Bedeutung wir heute den Vortrag von Herrn Graver hören dürfen. Was das Modell EWR in Zeiten der Polykrise und der Transformation der Union leisten kann, ist neu zu beleuchten.

Ein Feld schließlich, in dem unmittelbar geltendes Sekundärrecht heute bereits enorme Bedeutung für das Leben der Privaten hat, ist das Internationale Privat- und Verfahrensrecht, über das Herr Kollege Vékás sprechen wird. Hier freut es mich besonders, dass der Kommentator, Herr Kollege Repasi, nicht „nur" ein Schüler des Jubilars auf einer ausländischen Professur ist, sondern zugleich Europaabgeordneter und Mitglied des Ausschusses für Recht und Binnenmarkt. Die Nähe zur rechtspolitischen Gestaltung, die für Peter-Christian Müller-Graff stets akademische Verpflichtung gewesen ist, erscheint hier in einer Person.

Nicht unerwähnt lassen möchte ich zum Schluss, dass diese Veranstaltung die freundliche Unterstützung vieler erfahren hat, denen, wie bereits Christian Heinze mit Recht betont hat, hierfür herzlich zu danken ist. Namentlich genannt sei insbesondere die Gesellschaft der Freunde der Universität Heidelberg. Nicht zuletzt gebührt der Dank der Fakultät den Kollegen Baldus und Kainer sowie ihren Lehrstuhl-Teams für die Initiative zu dieser Veranstaltung und für die organisatorischen Mühen der – pandemiebedingt leider zweimal verschobenen und heute nun erfreulicherweise von Erfolg gekrönten – Durchführung.

Begrüßung durch den geschäftsführenden Direktor des Instituts für deutsches und europäisches Gesellschafts- und Wirtschaftsrecht

Christian Heinze

Sehr geehrte Damen und Herren, liebe Gäste,

verehrte Freunde, Angehörige und Schüler von Herrn Müller-Graff,

liebe Kolleginnen und Kollegen,

liebe Mitarbeiterinnen und Mitarbeiter,

liebe Studierende,

vor allem aber: lieber Herr Müller-Graff.

Als geschäftsführender Direktor des Instituts für deutsches und europäisches Gesellschafts- und Wirtschaftsrecht und zugleich Lehrstuhlnachfolger ist es mir eine große Ehre und Freude, unser heutiges Festkolloquium zum 75. Geburtstag von Peter-Christian Müller-Graff zu eröffnen. Nun ist es traditionell die Aufgabe des Dekans, die Vorstellung des Geehrten zu besorgen, und ich will Herrn Kollegen Kahl keinesfalls vorgreifen.

Dennoch erlaube ich mir, an dieser Stelle einige Worte aus der Perspektive des privatrechtlichen Instituts, dem Herr Müller-Graff seit langem angehört, zu formulieren. Schaut man aus einer privatrechtlichen Perspektive auf unsere heutige Veranstaltung, so ist schon ihr Titel bemerkenswert: „Zur Finalität der Europäischen Union – Zweckverband und Gesellschaftszweck in der Judikatur des EuGH". Bereits dieser Titel ist anspruchsvoll, denn er verbindet die europarechtliche Frage nach der Finalität der Union mit den Begriffen des Zweckverbands und des Gesellschaftszwecks, die sonst vor allem im Gesellschaftsrecht diskutiert werden. Erwartbar wären an einem Institut für Gesellschafts- und Wirtschaftsrecht eher rein privatrechtliche Themen und Referate zu einem Oberthema wie „Wandlungen der Privatautonomie" oder „Wettbewerbsverfassung im 21. Jahrhundert".

Ein allein privatrechtlicher Zugriff würde dem Geehrten aber nicht gerecht. Er ist vielmehr ein Jurist, der in Kenntnis der Wirkungsbedingungen des Rechts im größeren Spannungsfeld von Rechtsdogmatik, Politik und Ökonomie agiert. Konsequenterweise hat er seine Perspektive auf das Europarecht deshalb nie auf privat- oder wirtschaftsrechtliche Teilmaterien wie das Wettbewerbsrecht oder gar Einzelbereiche des Sekundärrechts beschränkt, sondern das Europarecht im Ganzen und insbesondere das Primärrecht in den Blick genommen. Wichtig war ihm in seiner Arbeit immer die Systemrationalität, die über dogmatische Ordnung oder Systemkohärenz hinausgeht: Entscheidungen müssen umfassend abgewogen und systemrational sein. Die Europäische Union versteht er – in Abgrenzung zu staatsanalogen Begrifflichkeiten – als „zielbezogenes transnationales Gemeinwesen eigener Prägung"[1] mit dem „Binnenmarktrecht als materiell-rechtliche[n] Kern des transnationalen Zusammenschlusses"[2]. Die Zielbezogenheit dieses Gemeinwesens Europäische Union sieht er – hier scheint die Perspektive des Privatrechtlers und der Gesellschaftszweck auf – gesellschaftsvertragsartig (und darin dynamisch) angelegt, „weil die Verträge jeweils eine Gemeinschaft zur Verfolgung gemeinsamer Zwecke im Sinne eigener Zielsetzungen [...] einsetzten"[3]. Eine herausragende Funktion nehmen in diesem Konzept die subjektiven Rechte Einzelner „zur binnenmarktbildenden Grenzüberschreitung für die Integration und den Zusammenhalt des Integrationsverbandes"[4] ein, so dass sich die Funktionalität des Verbands maßgeblich aus der Privatinitiative europäischer Bürger und Unternehmen speist.

Auf Grundlage dieses ebenso innovativen wie umfassenden Zugriffs hat unser Jubilar zahlreiche wichtige Beiträge zur Europarechtswissenschaft geleistet, von denen ich nur einen erwähnen möchte, weil ich an seine Begriffsbildung in meiner eigenen Habilitationsschrift angeknüpft habe[5]. Ihm ist etwas gelungen, was nur wenigen Wissenschaftlern vergönnt ist: Er hat in seinem Text „Privatrecht und europäisches Gemeinschaftsrecht" aus dem Jahr 1987 den Begriff des „Gemeinschaftsprivatrechts" geprägt[6], der –

---

1 *P.-C. Müller-Graff*, Verfassungsordnung der Europäischen Union, in: M. A. Dauses (Begr.)/M. Ludwigs (Hrsg.), Handbuch des EU-Wirtschaftsrechts, Bd. I, 56. Aufl., München 2022, A. I. Rn. 59, 62.
2 *P.-C. Müller-Graff*, Handbuch EU-Wirtschaftsrecht (Fn. 1), A I. Rn. 1.
3 *P.-C. Müller-Graff*, Hdb. EU-Wirtschaftsrecht (Fn. 1), A I. Rn. 59.
4 *P.-C. Müller-Graff*, Hdb. EU-Wirtschaftsrecht (Fn. 1), A I. Rn. 59.
5 *Heinze*, Schadensersatz im Unionsprivatrecht, 2017, 142.
6 *P.-C. Müller-Graff*, in: P.-C. Müller-Graff/M. Zuleeg, Staat und Wirtschaft in der EG, 1987, 17, 37: „Definiert man Gemeinschaftsprivatrecht vorbehaltlich weiterer Verfeinerungen als die kraft Gemeinschaftsrechts gemeinschaftsweit inhaltsidentisch verbindli-

in seinen Worten – das „kraft Gemeinschaftsrechts in allen oder für alle Mitgliedstaaten der Europäischen Gemeinschaft verbindliche Privatrecht" bezeichnet[7]. Dieser Begriff war Grundlage für eine Vielzahl von weiteren gemeinschaftsprivatrechtlich angelegten Arbeiten seit den 1990er Jahren und prägt nicht zuletzt den Titel einer Zeitschrift, die maßgeblich vom Heidelberger Friedrich-Ebert-Platz bestimmt wird.

Über den Begriff des Gemeinschafts- oder Unionsprivatrechts wurde und wird diskutiert, etwa ob man ihn anhand der kraft Unionsrechts einheitlichen Geltung oder – aufgrund sekundärrechtlicher Regelungsoptionen für die Mitgliedstaaten und der Möglichkeit abgestufter Integration – eher anhand des Geltungsgrunds der betreffenden Privatrechtssätze im Gemeinschaftsrecht bzw. Unionsrecht definieren sollte. Man mag ihm auch entgegenhalten, dass eine Trennung von Privat- und Öffentlichem Recht dem Unionsrecht fremd sei oder dass er – wenn man ihn so begrenzen will – in der Fokussierung auf die unionsrechtlichen Quellen den Charakter des Europarechts als Mehrebenensystem unter Einbeziehung auch der nationalen Rechtsordnungen zu wenig zum Ausdruck bringe.

Ich halte den Begriff des Gemeinschafts- bzw. Unionsprivatrechts ungeachtet dieser Einwände für sehr treffend, weshalb ich ihn im Titel meiner eigenen Habilitationsschrift verwendet habe. Ich schätze ihn nicht nur wegen der Klarheit und Einfachheit der Definition, sondern auch wegen des zugrundeliegenden Pragmatismus. Er gestattet eine handhabbare Charakterisierung und Begrenzung für Querschnittsuntersuchungen des Unionsrechts, für die der weite Begriff des Mehrebenensystems weniger geeignet ist. Nicht ohne Grund begegnet man dem Begriff des Mehrebenensystems eher in politikwissenschaftlichen Abhandlungen und allgemein-europarechtlichen Beiträgen als in auf konkrete Einzelfragen bezogenen Untersuchungen. Nähme man ihn nämlich beim Wort, so müsste man wohl bei Untersuchung einer konkreten Regelungsfrage nicht nur die unionsrechtliche Rechtslage, sondern wohl auch – als nationale Ebenen – die Rechtslage und Entscheidungspraxis sämtlicher Mitgliedstaaten der Union zu der be-

---

chen Privatrechtssätze (nicht notwendig mit ausgereiften Anspruchsgrundlagen), so sind Ansätze des Gemeinschaftsprivatrechts unübersehbar". Weitsichtig auch die weitere Beobachtung (39): „Erkennbar sind Ansätze eines Gemeinschaftsprivatrechts also allenthalben, aber sie sind sub specie gemeinschaftsrechtlicher Privatrechtsdogmatik und -systematik fraktioniert, isoliert, ohne systematisches Gesamtkonzept und wirken zufällig und unübersichtlich. Und doch bedarf es keiner prophetischen Gaben, um zu sagen, dass diese Entwicklung weitergehen wird."

7 *P.-C. Müller-Graff*, Unionsprivatrecht statt Gemeinschaftsprivatrecht?, GPR 2008, 105.

treffenden konkreten Frage aufarbeiten und zuverlässig darstellen. Dieses Unterfangen ist in einer Zeit von mindestens 27 Einzelrechtsordnungen herausfordernd. Und selbst wenn es gelänge, wäre die Aussagekraft eines solch rechtsvergleichenden, regelmäßig zumindest in den Details disparaten Befunds für die autonome Auslegung des Unionsrechts wohl begrenzt, weil das Unionsrecht eigene, von den Zielen der Mitgliedstaaten zu unterscheidende Ziele wie etwa das Binnenmarktziel verfolgt.

Mit seiner Verbindung von Privatrecht, Wirtschaftsrecht und Europarecht hat der Jubilar einen privatrechtlichen Lehrstuhl geprägt, der dezidiert das Europarecht im Ganzen – und nicht etwa „nur" das Europäische Privat-, Wirtschafts- oder Gesellschaftsrecht – im Namen führt. Er hat auch eine Fakultät in ihrer Lehrorganisation geprägt, an der – als einer von wenigen in Deutschland, möglicherweise sogar als einziger – das allgemeine Europarecht nicht nur aus dem Öffentlichen Recht, sondern gleichberechtigt aus dem Privatrecht gelehrt wird. Er hat nicht zuletzt zur dezidiert europarechtszugewandten Ausrichtung des Privatrechts in Heidelberg beigetragen, bereits zu einer Zeit, in der manchen Privatrechtslehrern zentrale Konzepte wie der Effektivitätsgrundsatz noch fremd waren und sich andere vehement gegen unionsrechtliche Einflüsse, insbesondere auf das Bürgerliche Gesetzbuch, verwahrten. Wie fruchtbar diese Verbindung von Wirtschaftsrecht und Europarecht ist, zeigt sich nicht zuletzt in der wohl wichtigsten Entscheidung des Bundesverfassungsgerichts zur europäischen Integration aus den letzten Jahren, dem PSPP-Urteil. In einem zentralen Teil der Entscheidung zur Handhabung des Verhältnismäßigkeitsgrundsatzes bei der Ausübung der währungspolitischen Kompetenzen der Zentralbank finden sich zwei Zitate eines kurzen Beitrags des Jubilars aus der EuZW[8], der vielleicht mit der Entscheidung selbst nicht in allen Punkten glücklich sein mag, aber dessen Lehren offenbar das Gericht in einem wichtigen Abschnitt als zitierwürdig empfand.

Meine Damen und Herren, ich will an dieser Stelle schließen.

Bevor ich schließe, will ich aber noch Worte des Dankes aussprechen: Wir freuen uns außerordentlich, dass wir heute einen so einen exquisiten Kreis von Rednern und Gästen begrüßen können. Es ist eine große Freude, als Referenten des heutigen Kolloquiums – neben dem Herrn Dekan selbstverständlich – Herrn Kollegen Skouris aus Thessaloniki bzw. Hamburg, ehemals Präsident des Gerichtshofs der Europäischen Union, Herrn Kolle-

---

8 BVerfGE 154, 17, 110 (Rn. 140), 117 (Rn. 156) zitiert *P.-C. Müller-Graff*, EuZW 2019, 172. Außerdem werden an drei anderen Stellen Schriften des Jubilars zitiert.

gen Graver aus Oslo, ehemals Präsident der Norwegischen Akademie der Wissenschaften und Herrn Kollegen Vékás aus Budapest, Vizepräsident der Ungarischen Akademie der Wissenschaften begrüßen zu dürfen. An dieser Stelle darf ich auch Herrn Kollegen Harbarth, Präsident des Bundesverfassungsgerichts, herzlich begrüßen, ebenso Herrn Kollegen Csehi, Richter am Gerichtshof der Europäischen Union. Ich danke ferner Frau Kollegin Lübke von der EBS Law School, Herrn Kollegen Repasi aus Rotterdam, der zugleich Mitglied des Europäischen Parlaments ist, und Herrn Kollegen Kainer aus Mannheim für ihre Kommentare und Diskussionsleitungen, die als Schülerin und Schüler des Jubilars berufener als ich über sein Wirken Auskunft geben können. Ich danke außerdem Kollegin Mager und den Kollegen Baldus und Reimer für die Diskussionsleitung.

Großer Dank gebührt schließlich den Kollegen Baldus und Kainer und ihren Mitarbeiterinnen und Mitarbeitern, namentlich Frau Szabó vom Lehrstuhl Baldus und Frau Hartenstein von meinem Lehrstuhl für die Organisation der Veranstaltung, die durch die großzügige Unterstützung der Gesellschaft der Freunde der Universität Heidelberg maßgeblich erleichtert wird.

Und schließlich freue ich mich, dass wir heute auch so zahlreich Studierende begrüßen können. Dem Jubilar war die Lehre und insbesondere der internationale Austausch mit den Heidelberger Partnerfakultäten in Cambridge, Krakau, Prag, Budapest und sein Engagement für die Moot Court Teams der Fakultäten immer wichtig, so dass er sich sicherlich freut, hier auch zahlreiche Studierende zu sehen.

Nun freuen wir uns auf eine spannende Veranstaltung.

Der „Zweckverband funktioneller Integration" bei Hans Peter Ipsen

Wolfgang Kahl

Hans Peter Ipsen (1907–1998)[1] war ein Meister in der Prägung von Rechtsbegriffen, die sich, wie etwa die „Plangewährleistung"[2], die „Indienstnahme Privater für Verwaltungsaufgaben"[3] oder die „Zwei-Stufen-Theorie"[4], über Generationen im Gedächtnis von Juristinnen und Juristen festgesetzt haben und mit denen der geistige Urheber bestimmte inhaltliche Konzepte prägnant und kreativ zugleich auf den Punkt brachte. Ipsen selbst bezeichnete diese Begriffsbildung als sein juristisches „Hobby"[5]. Diesem Hobby frönte er nicht zuletzt im Europarecht, das ihm Begriffsprägungen wie den „Marktbürger"[6] oder den „Integrationshebel"[7] (bezogen auf den früheren Art. 24 Abs. 1 GG, heute: Art. 23 Abs. 1 GG) verdankt. Eine der wirkmäch-

---

1 Zu Biografie und Werk Ipsens s. u.a. *G. Nicolaysen*, Hans Peter Ipsen, in: J. Albers u.a. (Hrsg.), Recht und Juristen in Hamburg, Bd. II, Köln et al. 1999, S. 417; *T. Stein*, in: G. Ress/ders. (Hrsg.), Festakt und Ehrenpromotionen aus Anlaß des vierzigjährigen Bestehens des Europa-Instituts der Universität des Saarlandes, Saarbrücken 1991, S. 41; *K. Stern*, Hans Peter Ipsen (1907–1998), in: P. Häberle/M. Kilian/H.A. Wolff (Hrsg.), Staatsrechtslehrer des 20. Jahrhunderts, 2. Aufl., Berlin/Boston 2018, S. 863; *A.K. Mangold*, Hans Peter Ipsen: Ein technokratischer Meister der Begriffsprägung, in: Kremer (Hrsg.), Die Verwaltungsrechtswissenschaft der frühen Bundesrepublik (1949–1977), Tübingen 2017, S. 177.
2 *H.P. Ipsen*, Die staatliche Intervention im Bereich der Wirtschaft, VVDStRL 11 (1952), Berlin/Boston 1954, S. 129 (129).
3 *H.P. Ipsen*, Gesetzliche Indienstnahme Privater für Verwaltungsaufgaben, in: Um Recht und Gerechtigkeit: Festgabe für Erich Kaufmann zu seinem 70. Geburtstage, Stuttgart/Köln 1950, S. 141.
4 *H.P. Ipsen*, Öffentliche Subventionierung Privater, Berlin 1956, S. 64 f.
5 So *H.P. Ipsen*, in: G. Nicolaysen/H. Quaritsch (Hrsg.), Lüneburger Symposion für Hans Peter Ipsen zur Feier des 80. Geburtstages, Baden-Baden 1988, S. 53 (94).
6 *H.P. Ipsen/G. Nicolaysen*, Der Haager Kongreß für Europarecht vom 23.-26.10.1963 in Den Haag. Bericht über die aktuelle Entwicklung des Gemeinschaftsrechts, NJW 1964, 339 (340 f.); hierzu *T. Oppermann*, in: Nicolaysen/Quaritsch (Hrsg.), Lüneburger Symposion (Fn. 5), S. 87.
7 *H.P. Ipsen*, Der Deutsche Jurist und das europäische Gemeinschaftsrecht, in: Ständige Deputation des Deutschen Juristentages (Hrsg.), Verhandlungen des 45. Deutschen Juristentages, Band II, Teil L, München/Berlin 1964, L 5 (L 26, s. auch L 10).

tigsten europarechtlichen Begriffsbildungen Ipsens ist die Beschreibung der Rechtsnatur[8] der Europäischen Gemeinschaften[9] – namentlich der damaligen EGKS, EAG und EWG – als „Zweckverbände funktioneller Integration". Im Folgenden soll nachvollzogen werden, in welchen Schritten Ipsen Begriff und Konzept des „Zweckverbands" entwickelte (I.1.), auf welche Vorarbeiten er sich hierbei stützte (I.2.) und schließlich, wie der „Zweckverband funktioneller Integration" zu Ipsens Lebzeiten rezipiert wurde (II.1.) bzw. heute rezipiert wird (II.2.).

A. Begriffsgenese und -entwicklung

I. Primärquellen und historische Einbettung

1. Erste Phase: Der „Zweckverband" als Abwehrmodell (1964–1968)

Ipsen führt den Begriff des „Zweckverbands" erstmals in seinem Vortrag „Der deutsche Jurist und das europäische Gemeinschaftsrecht" auf dem Deutschen Juristentag im September 1964 ein.[10] In diesem Vortrag nimmt Ipsen zu einer Thematik Stellung, die in der rechtswissenschaftlichen Diskussion der Frühphase der europäischen Integration eine zentrale Rolle spielt.[11] Dies zeigt sich etwa daran, dass sich die Vereinigung der Deutschen Staatsrechtslehrer mit der Frage der Vereinbarkeit des europäischen Integrationsprozesses mit dem Grundgesetz bereits fünf Jahre zuvor unter dem Thema „Das Grundgesetz und die öffentliche Gewalt internatio-

---

8   Zwar betont Ipsen gelegentlich, er wolle mit dem Begriff des „Zweckverbands" gerade keine Rechtsnatur bestimmen (s. etwa *dens.*, Europäisches Gemeinschaftsrecht, Tübingen 1972, § 8 Rn. 24, s. auch ebd. Rn. 27; *dens.*, Zur Gestalt der Europäischen Gemeinschaft, in: G. Lüke/G. Ress/M.R. Will [Hrsg.], Rechtsvergleichung, Europarecht und Staatenintegration, Köln 1983, S. 283 [284, 295]), indes ist Ipsen in dieser Frage selbst nicht konsequent (s. etwa *dens.*, Bewahrung und Veränderung demokratischer und rechtsstaatlicher Verfassungsstruktur in den internationalen Gemeinschaften, VVDStRL 23 [1964], Berlin/Boston 1966, S. 128 [129 f.]; s. auch unten Fn. 49), weshalb auch im Folgenden von „Rechtsnatur" die Rede sein wird.
9   Ipsen verwendet in seinen Texten mal den Singular „Gemeinschaft", mal den Plural „Gemeinschaften". Die Begriffsverwendung in dieser Abhandlung orientiert sich grundsätzlich an der jeweils konkret in Bezug genommenen Primärquelle Ipsens.
10 *Ipsen*, Jurist (Fn. 7), L 14; s. dazu auch den Bericht von *U. Weber/G. Kisker*, Der 45. Deutsche Juristentag, JZ 1964, 726 (730).
11 *A.K. Mangold*, Gemeinschaftsrecht und deutsches Recht, Tübingen 2011, S. 195 f. m. Nachw.

ler Staatengemeinschaften" (Berichterstatter: Erler und Thieme) beschäftigt hatte.[12] Unmittelbarer Anknüpfungspunkt Ipsens ist eine damals breit erörterte und weithin abgelehnte[13] Vorlage des Finanzgerichts Rheinland-Pfalz nach Art. 100 Abs. 1 GG[14], die die Frage nach der Vereinbarkeit des EWG-Vertrags mit Vorgaben des Grundgesetzes aufwirft und drei Jahre später zum ersten Europa-Urteil des Bundesverfassungsgerichts[15] führen soll[16]. Ipsen kritisiert das „grundgesetzlich-introvertiert[e]"[17] Vorgehen des Finanzgerichts, welches das EWG-Recht wie nationalstaatliches Recht an den Vorgaben des Grundgesetzes misst. Hiermit würden für Rechtsakte der Bundesrepublik geltende Maßstäbe ungefiltert auf Gemeinschaftsebene übertragen und dadurch insinuiert, die Gemeinschaften seien der Bundesrepublik in der Struktur ähnliche staatliche bzw. bundesstaatliche Gebilde:

> „Die Gemeinschaften sind Träger wirtschafts- und sozial*politischer Hoheits*aufgaben, die die Mitgliedstaaten ihnen unter Einschränkung ihrer staatlichen All-Gewalt übertragen haben. Trotzdem wäre es verfehlt, sie ihrer Rechtsnatur nach de conventione lata unter postulierendem Vorgriff auf politisch erhoffte Einigungsfortschritte als bündische oder bundesstaatsähnliche, praeföderale Gebilde von Teilstaatlichkeit zu begreifen, die die Automatik progressiver Bundesstaatlichkeit in sich trügen. Wer so konstruiert, verkennt ihren sachbegrenzten, nüchternen – ich wage diesen Ausdruck – ‚Zweckverbandscharakter' und zwingt sich und die Gemeinschaften in einen Rechtsrahmen, der zur abstrakten Deduktion bundesstaatlicher Prinzipien verleitet."[18]

Eine Überprüfung der Struktur der Gemeinschaften an den demokratischen und rechtsstaatlichen Anforderungen, die nationalstaatliche Verfas-

---

12 *G. Erler*, Das Grundgesetz und die öffentliche Gewalt internationaler Staatengemeinschaften, VVDStRL 18 (1959), Berlin/New York 1960, 7 ff.; *W. Thieme*, ebd., 50 ff.
13 S. insb. *H.P. Ipsen/G. Nicolaysen*, Europäisches Gemeinschaftsrecht im Hochschulstudium und Bericht über die aktuelle Entwicklung des Gemeinschaftsrechts, NJW 1964, 961 (964 ff.). Ferner *E.W. Fuß*, Zur Rechtsstaatlichkeit der Europ. Gemeinschaften, DÖV 1964, 577 (578 m. Fn. 16); *P. Badura*, VVDStRL 23 (Fn. 8), 34 (36 m. Fn. 5); jew. m. Nachw. auf Entscheidungsanmerkungen.
14 FinG RP, ZfZ 1964, 82 ff.; s. auch FinG RP, NJW 1967, 1728.
15 BVerfGE 22, 134; hierzu *H.P. Ipsen*, Glosse – statt einer Anmerkung, EuR 1967, 358 ff.
16 S. *G. Meier*, NJW 1967, 2109 (2109).
17 *Ipsen*, Jurist (Fn. 7), L 15. Diese Wendung wird Ipsen auch später an verschiedenen Stellen bemühen (bspw. *ders.*, VVDStRL 23 [Fn. 8], 130; *ders.*, Deutsche Verwaltung und europ. Wirtschaftsintegration, DÖV 1968, 441 [441]).
18 *Ipsen,* Jurist (Fn. 7), L 14 (Hervorhebungen im Original).

sungen vorschreiben, ist nach Ipsen unzulässig. Er schließt die Geltung dieser Prinzipien damit nicht aus,[19] wehrt sich aber gegen eine schablonenartige Übertragung nationalstaatlicher Prinzipien und plädiert für die Beachtung der Besonderheiten des „Zweckverbands". Auf diesen könnten insbesondere aufgrund der nach dem Prinzip der begrenzten Einzelermächtigung genau eingegrenzten Hoheitsgewalt Anforderungen der demokratischen Legitimation nicht im strengen nationalen, vor allem *parlamentarischen* Sinne projiziert werden.[20] Da die Gemeinschaften rein wirtschaftliche Zweckverbände seien, stelle sich auch die Grundrechtsfrage weniger dringlich: Es sei sowieso nur eine Verletzung wirtschaftlicher Grundrechte wie beispielsweise Art. 14 Abs. 1 GG denkbar, ein ausreichender Schutz sei auf Gemeinschaftsebene indes bereits – in anderer, aber ausreichender Weise – durch die Geltung von Gleichheitsgebot und Willkürverbot gewährleistet (Ipsen bezieht sich wohl primär auf Art. 36 S. 2 und Art. 119 Abs. 1 EWG)[21]; hinzu kämen die Kompetenzbegrenzungen der Gemeinschaftsorgane in den Verträgen, deren Überschreiten vor den Gemeinschaftsgerichten gerügt werden könne (Art. 173 EWG)[22]; eine theoretische Antwort auf die Frage der Geltung nationaler Grundrechte im europäischen Rahmen erübrige sich damit.[23] Das Konzept des „Zweckverbands" dient damit von Beginn an als *Abwehrmodell* insbesondere gegen zu eng, da zu nationalstaatlich-introvertiert, verstandene Antworten auf Fragen der demokratischen Legitimation und des Grundrechtsschutzes, da solche Antworten ein – aus Sicht von Ipsen falsches – Verständnis der Gemeinschaften als (bundes-)staatsähnliche Gebilde implizierten.[24]

---

19 Dies wird Ipsen an anderer Stelle noch deutlicher betonen. Auch 1964 ist diese Haltung aber schon in Grundzügen angelegt, leitet Ipsen doch gerade mit der – grundsätzlich demokratisches Konsentierungsbedürfnis auslösenden – Übertragung von Hoheitsaufgaben ein, die nur nicht an *(bundes-)staatlichen* Anforderungen des Demokratieprinzips etc. zu messen sei (s. *dens.*, Gemeinschaftsrecht [Fn. 7], L 14). Zum Grundrechtsschutz: *Ipsen*, Jurist (Fn. 7), L 15 f.; s. zudem *dens.*, VVDStRL 18 (Fn. 12), 86 f.
20 *Ipsen*, Jurist (Fn. 7), L 14.
21 Zeitgenössische Kommentierung der Normen etwa bei *E. Wohlfarth/U. Everling/H.-J. Glaesner/R. Sprung*, Die Europäische Wirtschaftsgemeinschaft: Kommentar zum Vertrag, Berlin 1960, Art. 36 EWG Anm. 8, Art. 119 EWG Anm. 1 ff.
22 Hierzu *Wohlfarth/Everling/Glaesner/Sprung* (Fn. 21), Art. 173 EWG Anm. 1 ff.
23 *Ipsen*, Jurist (Fn. 7), L 15 f.; *ders.*, VVDStRL 18 (Fn. 12), 86 f.
24 Zu diesem Zusammenhang stellv. *Mangold*, Meister (Fn. 1), S. 194; *B. Börner*, Geleitwort, EuR 1972, 306 (307).

Die Abwehrhaltung, die Ipsens Konzept insbesondere in seinen ersten Jahren zugrunde liegt, wird dabei von dem Hamburger Staatsrechtslehrer nicht grund- oder anlasslos eingenommen. Sie hat vielmehr ein „Gegenüber", einen Gegenentwurf, an dem sich Ipsen hier negativ abarbeitet. Namentlich bezieht sich seine Abwehrposition primär auf die von Carl Friedrich Ophüls Anfang der 1950er Jahre begründete[25] und von Walter Hallstein fortgeführte, 1969 in dessen Buch „Der unvollendete Bundesstaat" kulminierende Idee, die Gemeinschaften seien präföderale Gebilde und sollten zum Bundesstaat werden[26]. Tendenziell auf ähnlicher Linie liegen diejenigen Europarechtswissenschaftler, die, wie etwa Karl Heinrich Friauf, im Sinne einer *strukturellen Homogenität bzw. Kongruenz* zum nationalstaatlich verstandenen Demokratieprinzip fordern, die Hoheitsrechte der Gemeinschaft müssten von Gemeinschaftsorganen ausgeübt werden, die den Organen, die vergleichbare Hoheitsrechte auf nationaler Ebene ausüben, gleichartig seien, wozu zwingend eine parlamentarische Rechtssetzung gehöre.[27] Teilweise wird diese Forderung nicht als rechtliche, aber jedenfalls als rechtspolitische erhoben.[28]

Ipsen bestreitet in Abgrenzung zu den „Berufseuropäern"[29] Ophüls und Hallstein mit seinem dezidiert technisch verstandenen, gerade nicht inhaltlich aufgeladenen Gegenbegriff des „Zweckverbandes" jeden Willen der Gründer zur Politisierung oder Föderalisierung der Gemeinschaften und lehnt die schablonenartige Übertragung nationalstaatlicher Maßstäbe ab.[30]

---

25 Erstmals wohl *C.F. Ophüls*, Juristische Grundgedanken des Schumanplanes, NJW 1951, 289; zur Kritik dieser Ansicht am Begriff des „Zweckverbands" *ders.*, in: J. Kaiser (Hrsg.), Planung I, Baden-Baden 1965, S. 229 (231).

26 Nachw. bei *A. v. Bogdandy*, Stand und Entwicklungsperspektiven rechtswissenschaftlicher Konzepte zum europäischen Integrationsprozess, in: W. Loth/W. Wessels (Hrsg.), Theorien europäischer Integration, Opladen 2001, S. 107 (129).

27 Pars pro toto *K.H. Friauf*, Die Staatenvertretung in supranationalen Gemeinschaften, Marburg 1960, S. 81; *K.H. Klein*, Die Übertragung von Hoheitsrechten, Berlin 1952, S. 22; abl. etwa *H. Bülck*, Der Strukturwandel der internationalen Verwaltung, Tübingen 1962, S. 31 f.; *Erler*, VVDStRL 18 (Fn. 12), 41 f.; *Badura*, VVDStRL 23 (Fn. 13), 39.

28 Etwa von *Wohlfahrth/Everling/Glaesner/Sprung* (Fn. 21), Vorb. Art. 137 EWGV Anm. 13.

29 Begriff bei *H.P. Ipsen*, Verfassungsperspektiven der Europäischen Gemeinschaften, Berlin 1970, S. 1, S. 6.

30 Insb. *H.P. Ipsen*, Rede zur Ehrenpromotion von Professor Dr. Dr. h.c. Walter Hallstein durch die rechtswissenschaftliche Fakultät der Universität Hamurg, EuR 1967, 193 (197). Den Willen der Gründer zur institutionellen Föderalisierung erkennt Ipsen aber an; s. insb. später *dens.*, Gemeinschaftsrecht (Fn. 8), § 8 Rn. 12 ff.

2. Zweite Phase: Theoretische Fundierung und positive Konkretisierung des Abwehrmodells (1969–1972)

In den Folgejahren wird Ipsen auf den nüchternen „Zweckverbands"-Begriff und dessen Abwehrfunktion gegen föderale Integrationsideen mehrfach zurückkommen,[31] sich einer weiteren inhaltlichen Ausfüllung und theoretischen Untermauerung aber noch enthalten[32]. Letztere erfolgt erst 1969 in seinem Buch über die europäische Fusionsverfassung,[33] das eine zweite Phase in der Entwicklung des „Zweckverbands"-Konzepts einläutet, die durch *theoretische Fundierung* und *Schaffung positiver Erklärungs- und Definitionsansätze* geprägt ist. Ipsen fügt seinem „Zweckverbands"-Modell nun zum ersten Mal eingehend[34] den Gedanken des Funktionalismus hinzu,[35] um schließlich beide Elemente in einem Vortrag vor der Berliner Juristischen Gesellschaft ein Jahr später zum „Zweckverband funktioneller Integration" zu verknüpfen[36]. Mit der gewohnten Rhetorik gegen Staats-Analogien formuliert er:

> „Wer sich nicht a priori im Gedankenzwang einer Kompensation des integrierenden Staates durch einen neuen Überstaat bewegt, kann darin unbefangen einen *Vorgang funktioneller Entflechtung* und in dieser Unbefangenheit einen Verfassungsauftrag dahin sehen, die in diesem Sinne entflochtenen öffentlichen Wirtschafts- und Sozialaufgaben in der neuen Gemeinschaft einer Technik und einem Stil der Wahrnehmung zuzuführen, der ihre optimale Erledigung verspricht. […] Wenn die Mitgliedstaaten wesentliche Funktionselemente ihrer öffentlichen Gewalt einem von ihnen kreierten und permanent verantworteten Funktionsträger zuwei-

---

31 Auswahl: *Ipsen*, VVDStRL 23 (Fn. 8), 129 f.; *ders.*, Als Bundesstaat in der Gemeinschaft, in: E. v. Caemmerer/H.-J. Schlochauer/E. Steindorff (Hrsg.), Probleme des europäischen Rechts – Festschrift für Walter Hallstein, Frankfurt a.M. 1966, S. 248 (252 f.).
32 Zwar spricht Ipsen unter Berufung auf Bülck schon 1966 von „Zweckverbände[n] funktioneller Föderation" (*Ipsen*, Bundesstaat [Fn. 31], S. 252 f.; s. auch *dens.*, Verwaltung [Fn. 17], 441), indes handelt es sich nur um eine kurze Erwähnung, nicht um eine ausführliche Entfaltung des funktionalistischen Konzepts (s. zu Bülck noch I.2.).
33 H.P. *Ipsen*, Fusionsverfassung Europäische Gemeinschaften, Bad Homburg v.d.H. 1969.
34 S. Fn. 32.
35 *Ipsen*, Fusionsverfassung (Fn. 33), S. 51 ff.
36 *Ipsen*, Verfassungsperspektiven (Fn. 29), S. 8.

sen, liegt hierin die Chance, [...] die Lenkungs- und Leistungsfunktion der Gemeinschaft optimal zu instrumentalisieren."[37]

Bereits hier sind Anklänge an die politikwissenschaftliche Theorie des klassischen Funktionalismus nach David Mitrany erkennbar, auf den Ipsen spätestens ab 1970 dann auch explizit Bezug nehmen wird.[38] Hierauf wird später noch ausführlicher einzugehen sein.[39]

Hat Ipsens Konzept des „Zweckverbands funktioneller Integration" damit in den Jahren 1969 und 1970 seine erste theoretische Grundlegung erfahren, erfolgt in seinem großen Lehrbuch zum Gemeinschaftsrecht 1972[40] die Vertiefung des Konzepts,[41] die zu dessen bis dato *umfassendster Beschreibung* führt.[42] Auch hier aktiviert Ipsen zunächst – ausführlicher als bislang und mit eingehender Begründung – die bereits erwähnte Abwehrfunktion[43] seines Konzepts: Die Zweckverbände der Europäischen Gemeinschaften seien insbesondere mangels Staatsvolk[44] und Kompetenz-Kompetenz[45] kein *Staat*. Ein nur die *institutionelle Struktur* erfassender Vergleich der Gemeinschaften mit dem *Bundesstaat* sei zwar zulässig; beispielsweise könne die strukturelle Vergleichbarkeit des Rates mit dem Bundesrat kaum geleugnet werden.[46] Dieser Vergleich habe mit der Frage nach der Kompetenzausstattung der Gemeinschaften im Verhältnis zu den Mitgliedstaaten indes nichts zu tun.[47] Der Schluss, aus der bloßen strukturell-institutionellen Vergleichbarkeit mit dem Bundesstaat folge eine

---

37 *Ipsen,* Fusionsverfassung (Fn. 33), S. 52 (Hervorhebungen im Original).
38 *Ipsen,* Verfassungsperspektiven (Fn. 29), S. 7; s. bereits *dens.,* Fusionsverfassung (Fn. 33), S. 62 Fn. 81.
39 S. u. sub I.2.b).
40 Zur Bedeutung dieses Werks *Mangold, Meister* (Fn. 1), S. 249; *M. Stolleis,* Geschichte des Öffentlichen Rechts in Deutschland, Bd. IV, München 2012, S. 614; *T. Oppermann/K. Feige,* Zur Einführung: Europäisches Gemeinschaftsrecht, JuS 1974, 484 (491); instruktiv *J.P. Terhechte,* Kontinuität und Innovation in der frühen deutschen Europarechtswissenschaft, JZ 2022, 1121 ff.
41 *Ipsen,* Gemeinschaftsrecht (Fn. 8), § 54 Rn. 6 ff.
42 *Ipsen,* Gemeinschaftsrecht (Fn. 8), § 8 Rn. 24 ff., s. auch ebd. § 54 Rn. 124 f.; hierzu auch *Terhechte,* Europarechtswissenschaft (Fn. 40), 1127 f.
43 S. *Ipsen,* Gemeinschaftsrecht (Fn. 8), § 8 Rn. 3: „Was *hier* zur Rechtsstellung der Gemeinschaften zu sagen ist, hat daher primär *defensive Zwecke*" (Hervorhebungen im Original).
44 *Ipsen,* Gemeinschaftsrecht (Fn. 8), § 8 Rn. 6. Hier flicht Ipsen ein Plädoyer für den von ihm geprägten Begriff des Marktbürgers (s. Fn. 6) ein, s. *dens.,* ebd. m. Fn. 10.
45 *Ipsen,* Gemeinschaftsrecht (Fn. 8), § 8 Rn. 7 f.
46 *Ipsen,* Gemeinschaftsrecht (Fn. 8), § 8 Rn. 11 ff.; s. bereits Fn. 30.
47 *Ipsen,* Gemeinschaftsrecht (Fn. 8), § 8 Rn. 12.

für den Bundesstaat typische, breite Kompetenzausstattung der Gemeinschaften, lasse sich nicht ziehen.[48] Die Annahme einer Präföderalität der Gemeinschaften sei, solange diese nicht bundesstaatlich verstanden werde, zwar vertretbar, aber ohne Aussagegehalt, da sie nur einen Schwebezustand kennzeichne.[49] Auch die Einordnung als *Staatenbund* treffe den Kern nicht, impliziere dieser doch insbesondere den zwischen Staaten vereinbarten Zweck, das Bundesgebiet nach außen zu schützen, was außerhalb der Gemeinschaftsverträge liege.[50] Schließlich wendet Ipsen sich gegen eine wenige Jahre vor Erscheinen seines Lehrbuchs vertretene Auffassung[51], welche die Gemeinschaften völkerrechtlich als *internationale Organisationen* einordnen will: Die Gemeinschaften unterschieden sich aufgrund ihrer breiten Aufgaben- und Zielbestimmungen und der damit einhergehenden qualitativ und quantitativ erheblichen Entnationalisierung der Mitglieder von internationalen Organisationen, weshalb diese Charakterisierung „zwar nicht unzutreffend, aber unzulänglich" sei.[52]

In der zweiten Phase der Entwicklung des „Zweckverbands"-Modells liefert Ipsen hierfür auch erstmals in ausführlicher Form[53] *positive Definitionsansätze*. In Bezug auf den „Zweckverband" EWG formuliert er:

---

48 *Ipsen*, Gemeinschaftsrecht (Fn. 8), § 8 Rn. 14 (Hervorhebung im Original): „Mit der Feststellung etwa, der Rat sei dem deutschen Bundesrat vergleichbar, ist nichts gewonnen, aber auch nichts angerichtet. Soweit solche Analogie aber mit der Behauptung, aus der Vergleichbarkeit allein ergebe sich die Bundesstaats-Natur der Gemeinschaften oder mindestens eine Vorstufe hierzu, zugleich die Folgerung bemüht wird, *also* bemesse sich ihre Zuordnung zu den Mitgliedstaaten durchweg nach bundesstaatlichen Verfassungsprinzipien, entbehrt sie der Grundlage."
49 *Ipsen*, Gemeinschaftsrecht (Fn. 8), § 8 Rn. 18. Diesen Vorwurf muss sich streng genommen auch der „Zweckverbands"-Begriff entgegenhalten lassen, kennzeichnet er doch nur eine Phase der wirtschaftlichen Kooperation vor dem politischen *spill over* und bezieht sich damit auch auf einen Schwebezustand. Diesen Einwand versucht Ipsen durch die – erst in späteren Quellen entwickelte (s.o. Fn. 8) – Aussage abzuwehren, es handele sich beim „Zweckverbands"-Modell nicht um die juristische Klärung der Rechtsnatur, sondern lediglich um einen „Arbeitstitel" (so *ders.*, Europäische Verfassung – Nationale Verfassung, EuR 1987, 195 [202]).
50 *Ipsen*, Gemeinschaftsrecht (Fn. 8), § 8 Rn. 15 ff.
51 *I. Seidl-Hohenveldern*, Das Recht der Internationalen Gemeinschaften, 2. Aufl., Köln et al. 1971, S. 6 f.; hierzu *Ipsen*, Gemeinschaftsrecht (Fn. 8), § 8 Rn. 4 ff.
52 *Ipsen*, Gemeinschaftsrecht (Fn. 8), § 8 Rn. 19 ff. (Zitat: Rn. 22).
53 Vorarbeiten: *Ipsen*, Fusionsverfassung (Fn. 33), S. 51 ff.; *ders.*, Verfassungsperspektiven (Fn. 29), S. 8 ff., S. 14 ff., S. 21 ff.; ferner *ders.*, Verfassungsperspektiven der europäischen Integration (Vortrag 1972), in: ders., Europäisches Gemeinschaftsrecht in Einzelstudien, Baden-Baden 1984, S. 11.

„Es geht nur darum, damit begrenzt wirtschafts- und sozialpolitische Sachbezogenheit ihrer Aufgaben [scil.: der Gemeinschaften], ihre an Teilfunktionen orientierte Zweckhaftigkeit sichtbar zu machen. Sie unterscheidet sich hierin von aller Staatlichkeit als umfassender geistig-sozialer Wirklichkeit, potentiell unbeschränkter Kompetenzfülle, von Gebiets- und Personalhoheit. Denn was den Zweckverband kennzeichnet, ist die Nicht-Totalität seines Wirkungskreises, die dosierte, von der Kompetenzfülle seiner Gründer ausgegrenzte, auf bestimmte Sachaufgaben beschränkte Aufgabenstellung, zu deren Wahrnehmung der Zweckverband weder Gebiets- noch Personalhoheit benötigt und beansprucht."[54]

Am eingehendsten widmet sich Ipsen schließlich dem Aspekt der funktionellen Integration: Während der Begriff der *Integration* die „dynamische Unerfülltheit" der Gemeinschaft, „ihre Prozeßhaftigkeit im Wortsinne des Pro-cedierens" kennzeichne,[55] beschreibe das Adjektiv *funktionell* den bereits 1969 eingeführten Gedanken der „funktionelle[n] Entflechtung"[56], der die „Aussonderung einzelner Bereiche an sich staatlicher Gesamtverantwortung und ihre [...] ,Übertragung' zu zweckverbandlicher Gemeinschaftserledigung" erfasse[57]. Weiterhin könne die funktionelle Komponente in einem wirtschaftswissenschaftlichen Sinn dahingehend verstanden werden, dass die Aktivität der Gemeinschaften „einen Gemeinsamen Markt schafft und sichert, in dem sich die Marktgesetze ohne staatlich-hoheitliche Beschränkung entfalten können, der Gemeinsame Markt also ,funktionieren' kann".[58] Diese Aussage verbindet Ipsen mit dem von ihm bereits im sog. Bensheim-Referat von 1964 entwickelten Prinzip der Funktionsfähigkeit der Gemeinschaften, das für ihn der Annahme des Anwendungsvorrangs des Unionsrechts zugrunde liegt.[59] Bemerkenswert ist damit, dass 1969 mit dem Begriff der „funktionellen Integration" neben der Dynamik der Europäisierung nur die „funktionelle[...] Entflechtung"[60] im Sinne des Funktionalismus beschrieben werden sollte, Ipsen dem Begriff dann aber in

---

54 *Ipsen*, Gemeinschaftsrecht (Fn. 8), § 8 Rn. 27.
55 *Ipsen*, Gemeinschaftsrecht (Fn. 8), § 8 Rn. 28.
56 *Ipsen*, Fusionsverfassung (Fn. 33), S. 52 (Hervorhebung entfernt); s. bereits oben Fn. 37.
57 *Ipsen*, Gemeinschaftsrecht (Fn. 8), § 8 Rn. 29.
58 *Ipsen*, Gemeinschaftsrecht (Fn. 8), § 8 Rn. 30.
59 *Ipsen*, ZHR Beiheft 29 (1965), 1 (21); vgl. auch *dens.*, Gemeinschaftsrecht (Fn. 8), § 8 Rn. 30. Hierzu etwa *v. Danwitz*, Europäisches Verwaltungsrecht, Berlin/Heidelberg 2008, S. 153 m. Fn. 59.
60 S. Fn. 56.

seinem Lehrbuch von 1972 eine weitere, wirtschaftswissenschaftliche Komponente „unterschiebt" und diese wiederum mit dem ein knappes Jahrzehnt zuvor von ihm isoliert konzipierten Prinzip der Funktionsfähigkeit anreichert. Darin wird der Wille Ipsens zur *positiven* inhaltlichen Prägung seines Konzepts deutlich, die einen möglichst breiten theoretisch-definitorischen „Unterbau" verlangt.

3. Dritte Phase: Verteidigung eines von der europäischen Verfassungswirklichkeit entkoppelten Konzepts (1970–1995)

Zu Beginn der siebziger Jahre des letzten Jahrhunderts befindet sich die europäische Integration nicht mehr auf dem Stand von 1964. Konnte Ipsens Ausgangspunkt einer völlig unpolitischen, deshalb parlamentarischer Legitimation nicht bedürfenden Gemeinschaft schon Anfang der 1960er Jahre die europarechtliche Wirklichkeit aus Sicht der Gründungsverträge nicht vollends abbilden,[61] entsprach sein technokratisches Konzept doch zumindest damals dem – auch juristischen – Zeitgeist[62]. Anfang der 1970er Jahre wird in der EWG jedoch mit dem Gipfel von Den Haag nach Jahren der Krise eine neue Phase intensivierter Integration eingeleitet (insbesondere durch Erweiterung der Haushaltsbefugnisse des Europäischen Parlaments, dem Beschluss zur Ausarbeitung eines Stufenplans für die Errichtung einer Wirtschafts- und Währungsunion sowie der Beauftragung der Außenminister, Vorschläge zur Erzielung von Fortschritten auf dem Gebiet der politischen Einigung auszuarbeiten)[63] und führt die Etablierung des Europäischen Rats zu einer erheblichen Aufwertung des Integrationsprozesses[64]. Vor dem Hintergrund dieser politischen Aufbruchstimmung[65] plädiert die herrschende Lehre nun für eine *parlamentarische Kontrolle* der

---

61 Vgl. nur *W. v. Simson*, Der politische Wille als Gegenstand der europäischen Gemeinschaftsverträge, in: B. Aubin u.a. (Hrsg.), Festschrift für Otto Riese aus Anlaß seines siebzigsten Geburtstags, Karlsruhe 1964, S. 83; *H. Mosler*, Die europäische Integration aus Sicht der Gründungsphase, in: O. Due/M. Lutter/J. Schwarze (Hrsg.), Festschrift für Ulrich Everling, Bd. II, Baden-Baden 1995, S. 911.
62 Vgl. nur *F.C. Mayer*, Europa als Rechtsgemeinschaft, in: G.F. Schuppert/I. Pernice/U. Haltern (Hrsg.), Europawissenschaft, Baden-Baden 2005, S. 429 (432).
63 *G. Brunn*, Die Europäische Einigung. Von 1945 bis heute, 4. Aufl., Ditzingen 2017, S. 183.
64 *Mangold*, Gemeinschaftsrecht (Fn. 11), S. 56 f.
65 *G. Clemens/A. Reinfeldt/G. Wille*, Geschichte der europäischen Integration, Paderborn 2008, S. 183.

Gemeinschaftsorgane.[66] An diese Debatte kann Ipsen mit seinem unpolitischen „Zweckverbands"-Konzept nicht anknüpfen, stellt nach der funktionalistischen Konstruktion der Gemeinschaften das Parlament doch einen Fremdkörper dar, der auch im Falle einer Direktwahl keine maßgebliche demokratische Legitimation bewirken kann.[67]

Ipsen sieht sich daher bereits ab 1970[68] gezwungen, sein unpolitisches Konzept zu *verteidigen*, während sich die politisierte europäische Verfassungswirklichkeit zugleich immer weiter hiervon entkoppelt[69]. Damit beginnt die dritte und letzte Phase in der Entwicklung des „Zweckverbands"-Modells. In dieser wiederholt Ipsen in zahlreichen Veröffentlichungen[70] – besonders vehement ab Anfang der 1980er Jahre vor dem Hintergrund der erstmaligen Direktwahl des Europäischen Parlaments (1979), neuer, politischer Integrationsschübe nach Überwindung der „Eurosklerose" und Verabschiedung der Einheitlichen Europäischen Akte 1986[71] – sein Plädoyer, den Ausgang des Integrationsprozesses offenzuhalten und keine (Bundes-)Staatlichkeit der Gemeinschaften zu präjudizieren. Im Hintergrund steht seine Intention, die Entwicklung eines von den parlamentarischen Regierungssystemen abweichenden europäischen Herrschaftsmodells zu ermöglichen, zumal es auf Gemeinschaftsebene an einem europäischen

---

66 Nachw. bei *P.-C. Müller-Graff*, Die Direktwahl des Europäischen Parlaments, 2. Aufl., Tübingen 1979, S. 25; zeitgeschichtlich besonders vehement *H.H. Rupp*, Die Grundrechte und das europäische Gemeinschaftsrecht, NJW 1970, 353; hierzu *B. Davies*, Resisting the European Court of Justice, Cambridge 2012, S. 80 ff.
67 S.o. sub I.1.b). Prägnant *A. v. Bogdandy*, Strukturwandel des öffentlichen Rechts, Berlin 2022, S. 95: „Nach Ipsen ist die Ferne des europäischen Rechts von demokratischen Prozessen dessen eigentlicher Witz."
68 1970 reagiert Ipsen in seinem Vortrag zu den „Verfassungsperspektiven der Europäischen Gemeinschaft" (*ders.*, Verfassungsperspektiven [Fn. 29], S. 1, S. 14 ff. [17 f., 19 f.]) auf die frühe Kritik Wagners an seinem Buch über die Fusionsverfassung (*H. Wagner*, Fusionsverfassung, Der Staat 9 [1970], 267 [268]). Ab 1970 geht Ipsen ebd. auch auf Rupps Kritik (Fn. 66) ein (*Ipsen*, Verfassungsperspektiven [Fn. 29], S. 10 f., S. 14 ff.).
69 S. aber die vorsichtigen Versuche der Anpassung an die Verfassungswirklichkeit bei *Ipsen,* Verfassungsperspektiven (Fn. 29), S. 14 ff.; *dems.*, Gemeinschaftsrecht (Fn. 8), § 54 Rn. 110.
70 Auswahl: *Ipsen*, Einzelstudien (Fn. 53), S. 49; *ders.*, Zum Parlaments-Entwurf einer Europäischen Union, Der Staat 24 (1985), 325 (325 ff., 341 ff., 344 ff., 347 ff.); *ders.*, (Fn. 49), S. 201 ff., S. 207 ff.; *ders.*, Die Europäische Union – Zu Reformprogrammen politikwissenschaftlicher Einlassung, in: O. Due/M. Lutter/J. Schwarze (Hrsg.), Festschrift für Ulrich Everling, Bd. I, Baden-Baden 1995, S. 551 (558 ff.).
71 Hierzu stellv. *Brunn*, Einigung (Fn. 63), S. 230 ff.; *Clemens/Reinfeldt/Wille*, Geschichte (Fn. 65), S. 221 ff.

Volk fehle, das eine parlamentarische Legitimation bewirken könne, und es sich weiterhin verbiete, nationale Verfassungsprinzipien und Legitimationsansätze schablonenartig auf die EWG zu übertragen. Damit bleibt Ipsen sich zwar in der Argumentation bis zu seinen letzten Aufsätzen Mitte der 1990er Jahre treu, lässt aber den Begriff „Zweckverband funktioneller Integration" nun immer seltener einfließen.[72]

Eine letzte umfassende Beschreibung und Erklärung seines Konzepts leistet Ipsen 1992 im „Handbuch des Staatsrechts".[73] Auch hier bleiben die Grundannahmen im Wesentlichen gleich; Zugeständnisse macht er seinen Kritikern nur bezüglich der deutlich gewachsenen Gemeinschaftskompetenzen.[74] Der bundesverfassungsgerichtlichen Anerkennung des von Paul Kirchhof geprägten Begriffs des „Staatenverbunds"[75] im Maastricht-Urteil vom 12. Oktober 1993[76] setzt Ipsen, der erkennt und einräumt, dass die Entwicklung über sein „Zweckverbands"-Modell hinweggegangen ist,[77] ein Jahr später keine positive Darstellung seines Konzepts mehr entgegen, sondern beschränkt sich – eher resignativ – auf bemüht wirkende sprachliche Kritik an der neuen Begriffsschöpfung aus Karlsruhe.[78]

---

72 Nur noch in zwei Veröffentlichungen wird er im Mittelpunkt stehen: *Ipsen*, Gestalt (Fn. 8); *ders.*, Verfassung (Fn. 49), 202 ff.
73 *H.P. Ipsen*, Die Bundesrepublik Deutschland in den Europäischen Gemeinschaften in: J. Isensee/P. Kirchhof (Hrsg.), Handbuch des Staatsrechts, Bd. VII, Heidelberg 1992, § 181.
74 *Ipsen*, Bundesrepublik (Fn. 73), § 181 Rn. 88 ff.
75 Erstmals *P. Kirchhof*, Europäische Integration, in: Isensee/ders. (Hrsg.), HStR VII (Fn. 73), § 183 Rn. 38.
76 BVerfGE 89, 155 (185, 188 f.).
77 *H.P. Ipsen*, Zehn Glossen zum Maastricht-Urteil, EuR 1994, 1 (21): „keine Tendenz zur Rückkehr zum ‚Zweckverband'".
78 *Ipsen*, Glossen (Fn. 77), 8 (Hervorhebung im Original): „Ob dem Gericht – ohne gehöriges Sprachgefühl – bewußt gewesen ist, daß der Terminus ‚Verbund' sprachlich bereits ‚besetzt' war von seiner ursprünglichen und weiterhin aktuellen Verwendung im ökonomischen und technischen Bereich, ist nicht ersichtlich, wohl auch wenig wahrscheinlich. Seine Verwendung gilt überlieferterweise der technisch-organisatorischen Zusammenfassung mehrerer Wirtschaftsbereiche zu gemeinsamer Arbeit zwecks Erhöhung der Wirtschaftlichkeit und hat zuerst im Bereich der Energiewirtschaft Platz gefunden. Was das Gericht zur Verwendung des sonst in der Integration nicht gebräuchlichen Terminus veranlasst haben mag – sicherlich nicht der Gedanke an die vornehmlich der *Wirtschaft* gewidmete Vergemeinschaftung –, könnte sich aus der gewollten Absetzung vom Rechtsbegriff ‚Staatenbund' erklären und rechtfertigen, um der Kennzeichnung der Union mit allen Rechtsvorstellungen dieser überlieferten Rechtsfigur zu begegnen."

Am Ende der dritten Phase der Entwicklung des „Zweckverbands"-Modells hat Ipsen dieses somit implizit mehr oder weniger aufgegeben. In seiner letzten Veröffentlichung überhaupt, nämlich seinem Beitrag „Die Europäische Union – Zu Reformprogrammen politikwissenschaftlicher Einlassung" für die 1995 erschienene Everling-Festschrift, in dem sich ein Eingehen auf Begriff und Konzept des „Zweckverbands" durchaus angeboten hätte, erwähnt er diesen bemerkenswerterweise kein einziges Mal.[79]

II. Einflüsse auf Ipsens Begriff

Ipsen hat sein „Zweckverbands"-Modell nicht ohne Rückgriff auf fremde Vorarbeiten entwickelt.

1. Zweckverband

a) Kommunalrechtliche Wurzeln

Der Begriff des Zweckverbands ist insbesondere aus dem Kommunalrecht geläufig.[80] Ipsen hat auf dem Feld des Kommunalrechts intensiv zu Hamburgs Verfassung und Verwaltung publiziert.[81] Er arbeitete zudem ab 1934 im Rechtsamt der Hamburger Senatsverwaltung. Hier begleitete er insbesondere die Gebietsreform des Groß-Hamburg-Gesetzes.[82] Es ist folglich

---

79 *Ipsen*, Zu Reformprogrammen (Fn. 70).
80 Aus der zeitgenössischen Literatur, auf die Ipsen Zugriff gehabt haben könnte, insb. *O. Gönnenwein*, Gemeinderecht, Tübingen 1963, S. 35 f., S. 47, S. 391, S. 431 ff., S. 491; *H. v. Roesen-v. Hoewel*, Gemeinderecht, Stuttgart et al. 1958, S. 23, S. 27, S. 157. Vgl. auch *T. Oppermann*, Europäische Gemeinschaften und Europarecht. 20 Jahre Entwicklung, JZ 1973, 41 (44); *ders.*, Hans Peter Ipsen, JZ 1998, 450 (452); *U. Everling*, Europäisches Gemeinschaftsrecht, Der Staat 13 (1974), 73 (83).
81 *H.P. Ipsen*, Von Groß-Hamburg zur Hansestadt Hamburg, Berlin 1938; *ders.*, Hamburgisches Staats- und Verwaltungsrecht, 1. Aufl., Hamburg 1955, 5. Aufl., Hamburg 1975; *ders.*, Hamburgs Verfassung und Verwaltung. Von Weimar bis Bonn, Hamburg 1956, Neudruck 1988; s. ferner die kommunalrechtlichen Beiträge in Zeitschriften und Sammelbänden bei R. Stödter/H.P. Thieme (Hrsg.), Hamburg – Deutschland – Europa, Festschrift für Hans Peter Ipsen zum siebzigsten Geburtstag, Tübingen 1977, S. 721 (723 ff.); s. auch *Nicolaysen/Quaritsch* (Fn. 5), S. 97 ff.
82 Hierzu *N. Paech/U. Krampe*, Die Rechts- und Staatswissenschaftliche Fakultät – Abteilung Rechtswissenschaft, in: E. Krause (Hrsg.), Hochschulalltag im „Dritten Reich", Berlin/Hamburg 1991, S. 867 (880); s. zum Groß-Hamburg-Gesetz ferner *H.P. Ipsen*, Das Gesetz über Groß-Hamburg und andere Gebietsbereinigungen, Zeitschrift der

mit gewisser Sicherheit davon auszugehen, dass Ipsen der Begriff aus dem Kommunalrecht bekannt war. Indes wurde, wie gleich zu zeigen sein wird, der Begriff bereits vor Ipsen von anderen Autoren auf internationale Zusammenhänge transponiert. Ein hierüber vermittelter Einfluss auf Ipsen liegt näher als eine direkte Beeinflussung durch das Kommunalrecht.

b) Internationalrechtliche Wurzeln

Im internationalrechtlichen Kontext wird der Begriff des „Zweckverbands" bezogen auf *zwischenstaatliche Organisationen* erstmals 1950 von Carl Bilfinger gebraucht, als Bilfinger den Vorstellungen des Schumann-Plans den „Charakter eines Sonder-Zweckverbands" zuweist[83]. Der Begriff bzw. ähnliche Begriffsbildungen werden in den Folgejahren auch von einigen anderen völkerrechtlichen Autoren in ähnlichem Zusammenhang verwendet,[84] bevor Ipsen ihn 1964 aufgreift[85]. Die Frage, auf welche dieser Autoren Ipsen sich bezieht, kann aufgrund der Fülle möglicher Anknüpfungspunkte nicht mit letzter Sicherheit beantwortet werden, zumal Ipsen keinen

---

Akademie für Deutsches Recht 1937, 104; *dens.*, Die Durchführung des Groß-Hamburg-Gesetzes, Hanseatische Rechts- und Gerichtszeitschrift 1938, Sp. 191.

83 *C. Bilfinger*, Vom politischen und nicht-politischen Recht in organisatorischen Kollektivverträgen, ZaöRV 13 (1950/51), 615 (648). Anders als Ipsen blendet Bilfinger die auch politische Zielsetzung des Schumann-Plans aber nicht aus; s. *Bilfinger*, ebd. 624.

84 In chronologischer Reihenfolge zunächst *H.-J. Schlochauer*, Europäische Fragen von völkerrechtlicher Bedeutung, ArchVR 3 (1951/52), 146 (184 f.) (EGKS als „überstaatlicher Zweckverband") (s. auch *dens.*, Rechtsformen der Europäischen Ordnung, GRUR 1955, 213 [214]; *dens.*, Rechtsformen der europäischen Ordnung, ArchVR 5 [1955], 40 [42 f.]; *dens.*, Zur Frage der Rechtsnatur der Europäischen Gemeinschaft für Kohle und Stahl, in: Schätzel/ders. [Hrsg.], Rechtsfragen der internationalen Organisationen. Festschrift für Hans Wehberg zu seinem 70. Geburtstag, Frankfurt a.M. 1965, S. 361 [372]); sodann *Kaiser*, VVDStRL 18 (Fn. 12), 88 (89) (Europäische Gemeinschaften als „Zweckgemeinschaften"); *Erler,* Grundgesetz (Fn. 12), S. 34, S. 48 (= Ls. III. a)) (dem Gemeinschaftsrecht „immanente sachbezogene Zweckhaftigkeiten"); *A. Köttgen*, Innerstaatliche Gliederung und moderne Gesellschaftsordnung, in: Rechts- und Staatswissenschaftliche Fakultät der Georg-August-Universität zu Göttingen (Hrsg.), Göttinger Festschrift für das Oberlandesgericht Celle, Göttingen 1961, S. 79 (91) (Europäische Gemeinschaften als „partikulare Zweckverbände") und schließlich *H. Bülck*, Föderalismus als internationales Ordnungsprinzip, VVDStRL 21 (1962), Berlin 1964, 1 (59, 65 [= Ls. 19]) (zwischenstaatliche Organisationen als „Zweckverbände").

85 S.o. Fn. 18.

Fußnotenverweis einfügt.[86] Am wahrscheinlichsten erscheint die Bezugnahme auf Hartwig Bülcks[87] Staatsrechtslehrerreferat von 1962 zu dem Thema „Föderalismus als nationales und internationales Ordnungsprinzip", in dem dieser den Begriff der „Zweckverbände" ebenfalls in Bezug auf zwischenstaatliche Organisationen verwendet.[88] Dieses Referat zitiert Ipsen in seinem Vortrag auf dem Deutschen Juristentag 1964 zu einem anderen Aspekt;[89] zudem wird er in Bezug auf die funktionale Komponente des Konzepts ausdrücklich auf Bülck verweisen.[90] Die Vermutung der Inspiration durch Bülck wird bestärkt durch eine spätere, rückblickende Einlassung Ipsens, bei der eigenen Verwendung des „Zweckverbands" ohne Zitation Bülcks habe es sich wohl um eine „damals unbewußte Nachwirkung des *Bülck*schen Referats von 1962"[91] gehandelt – man würde wohl ein deutsches Verwaltungsgericht finden, welches nach den heute geltenden (über)strengen Maßstäben darin das konkludente Eingeständnis eines Plagiats sehen würde.

Indes behauptet Ipsen selbst 1983, der Begriff des „Zweckverbands" sei von ihm unter Rekurs auf die aus der allgemeinen Staatstheorie stammende, nun auf die europäische Integration bezogene Lehre vom Staatszweck nach Georg Jellinek[92] gebildet worden[93]. Vor dem Hintergrund des Umstandes, dass Ipsen die Lehre vom Staatszweck in diesem Zusammenhang vorher nie erwähnte und Jellinek nie zitierte, erscheint diese Behauptung jedoch als unglaubwürdig und dürfte es sich hierbei eher um eine Schutzbehauptung bzw. die Legung einer falschen Fährte handeln. Dieser Eindruck wird durch die Tatsache bestärkt, dass Ipsen zwei Jahre später, als er sich erneut zur Genese des „Zweckverbands"-Begriffs äußert und – wie erwähnt – auf Bülck eingeht, Jellinek mit keinem Wort erwähnt.[94] Der

---

86 Vgl. *Ipsen,* Jurist (Fn. 7), L 15. Insoweit gleichsam wenig aussagekräftig sind die Veröffentlichungen der Folgejahre, in denen Ipsen, sofern er eine Fußnote setzt, nur sich selbst zitiert (s. u. a. die Nachw. In Fn. 31).
87 Zu Bülck s. *Stolleis,* Geschichte (Fn. 40), S. 68; Kieler Gelehrtenverzeichnis, abrufbar unter: https://cau.gelehrtenverzeichnis.de/person/ea487947-5f08-b295-c569-4d4c60 71d382?lang=de (7.5.2022).
88 *Bülck,* VVDStRL 21 (Fn. 84), 59.
89 *Ipsen,* Jurist (Fn. 7), L 19.
90 Hierzu sogleich unten sub I.2.b).
91 *Ipsen*, Parlaments-Entwurf (Fn. 70), 345 Fn. 44.
92 Hierzu instruktiv und m. zahlr. Nachw. *J. Kersten*, Georg Jellinek und die klassische Staatslehre, Tübingen 2000, S. 335 ff.
93 *Ipsen*, Gestalt (Fn. 8), S. 292 f.; s. auch *dens.*, Verfassung (Fn. 49), 203.
94 S. o. Fn. 91.

Rekurs auf Jellinek wirkt somit eher wie der Versuch einer nachträglichen Einordnung seines Begriffs in eine Theorie, die bei der Begriffsentwicklung keine Rolle gespielt hatte, um dem Begriff damit zu einem Zeitpunkt, zu dem sich dieser immer stärkerer Kritik der Europarechtslehre ausgesetzt sieht,[95] gleichsam rückwirkend eine zusätzliche Autorität zu verschaffen.

Eine weitere Vermutung zur Genese des „Zweckverbands"-Begriffs bei Ipsen hat Ulrich Everling geäußert.[96] Er nimmt an, Ipsen habe sich auf die in Rudolf Smends Abhandlung „Verfassung und Verfassungsrecht" (1928) zitierte Einschätzung der Bismark'schen Reichsverfassung durch Friedrich Naumann bezogen, welcher im Jahre 1900 enttäuscht konzedierte, die Verfassung von 1871 sehe keine Nation, sondern nur einen „politische[n] Zweckverband" vor.[97] Ipsen hat Everlings Vermutung aber ausdrücklich zurückgewiesen.[98] Sie scheint in der Tat objektiv nicht belegbar, sondern sachlich und zeitlich eher fernliegend. Aufgrund des stärker als bei Naumann gegebenen thematischen und zeitlichen Zusammenhangs deutlich naheliegender ist dagegen die dargestellte (implizite) Bezugnahme auf Bülck, für die auch die allgemein zahlreichen Zitationen der Bülck'schen Beiträge durch Ipsen[99] sprechen. Die folgenden Ausführungen zum funktionellen Bestandteil von Ipsens Begriffsprägung werden diese These – die letztlich aber eine Hypothese bleiben muss – zusätzlich stützen.

2. Funktionelle Integration

Ipsen selbst stellt den Begriff des „Zweckverbands funktioneller Integration" in die Tradition des klassischen Funktionalismus bzw. Neofunktiona-

---

95 Hierzu s.u. sub II.1.
96 *U. Everling*, Vom Zweckverband zur Europäischen Union – Überlegungen zur Struktur der Europäischen Gemeinschaft, in: Stödter/Thieme (Hrsg.), FS Ipsen (Fn. 81), S. 595 (608 m. Fn. 41 ff.); dem folgend wohl *v. Bogdandy*, Entwicklungsperspektiven (Fn. 26), S. 131 f. Fn. 126.
97 *R. Smend*, Verfassung und Verfassungsrecht (1928) in: ders., Staatsrechtliche Abhandlungen, 2. Aufl., Berlin 1968, S. 119 (228) mit Verweis auf *F. Naumann*, Demokratie und Kaisertum, 4. Aufl., Berlin-Schöneberg 1905, S. 176.
98 *Ipsen*, Gestalt (Fn. 8), S. 289: Die Zweckverbands-Begrifflichkeit habe „sich keineswegs, wie ihr Kritiker [Everling; der Verf.] annimmt, an der *Naumann-Smend*'schen Bewertung der Reichsverfassung von 1871 orientiert", „die zu zitieren sonst sicherlich geboten gewesen und nicht unterlassen wäre."
99 S.u. Fn. 120.

lismus.[100] Der klassische Funktionalismus besagt, dass die Aufgabenwahrnehmung auf Ebene der jeweiligen internationalen Organisationen – hier: der Europäischen Gemeinschaften – nur im Rahmen der begrenzten Kompetenzübertragung in den Gründungsverträgen verwirklicht wird, die die Gemeinschaften ohne Entscheidungsspielraum und damit unpolitisch, vielmehr nur technokratisch-verwaltend ausfüllen[101]. Eine weitergehende demokratische Konsentierung der Gemeinschaftsgewalt etwa durch ein direkt gewähltes Parlament ist danach nicht notwendig, da die Gemeinschaftsorgane bereits durch die von den Mitgliedstaaten ratifizierten Verträge legitimiert, aber auch streng gebunden sind und – in der Theorie![102] – keinerlei politischen Entscheidungsspielraum besitzen.[103] Diese Annahmen macht Ipsen für sein „Zweckverbands"-Modell fruchtbar, stellte er mit diesem unpolitisch-technischen, neutralisierenden[104] Begriff doch schon seit Anfang des Jahrzehnts einen politischen Gehalt der Gründungsverträge infrage, und plädierte hiervon ausgehend für eine Abkehr von nationalstaatlich orientierten Konzepten, die dem Demokratieprinzip auch auf Ebene der Gemeinschaften durch parlamentarische Legitimation Genüge tun wollen. An dieser Stelle kommt ihm die Theorie des Funktionalismus zupass, mit der er sich sodann eingehend im „Europäische[n] Gemeinschaftsrecht" von 1972 auseinandersetzen wird.[105]

Hat sich die wirtschaftlich-technokratische, streng unpolitische Zusammenarbeit im Rahmen der internationalen Organisation aufgrund der gesteigerten Effektivität der gemeinsamen Aufgabenerledigung ausgeweitet und schließlich eine hinreichende Dichte erreicht, kommt es nach Mitrany im Rahmen eines sog. *ramification*-Prozesses zur Bildung einer supranationalen Föderation.[106] Die Neofunktionalisten, die Mitranys Konzepte auf

---

100 *Ipsen*, Verfassungsperspektiven (Fn. 29), S. 7; s. bereits *dens.*, Funktionsverfassung (Fn. 33), S. 62 Fn. 81. S.o. sub I.1.b), bei Fn. 56 ff.
101 *D. Mitrany*, A Working Peace System, London 1943. Berichtend zum klassischen Funktionalismus *C. Giering*, Europa zwischen Zweckverband und Superstaat, Bonn 1997, S. 44 ff.; *R. Zimmerling*, Externe Einflüsse auf die Integration von Staaten, Freiburg i.Br. 1991, S. 66 ff., jew. M. w. Nachw.
102 Zur diesbezüglichen Kritik insb. *Everling*, Gemeinschaftsrecht (Fn. 80), 83 ff.; *ders.*, Zweckverband (Fn. 96), 610.
103 Vgl. stellv. *M. Kaufmann*, Europäische Integration und Demokratieprinzip, Baden-Baden 1997, S. 309.
104 *Oppermann*, Entwicklung (Fn. 80), 44: „gegenüber der ‚allgemeinen' Politik abschirmend-neutralisierende [...] Zweckverbands-Sicht".
105 *Ipsen*, Gemeinschaftsrecht (Fn. 8), § 54 Rn. 6 ff.
106 Vgl. *Giering*, Europa (Fn. 101), S. 45 f.; *Zimmerling*, Einflüsse (Fn. 101), S. 68.

die Europäischen Gemeinschaften anwenden und – anders als Mitrany – die Bedeutung politischer Gemeinschaftsorgane und allgemein-politischer Anstöße für den Integrationsprozess anerkennen, sprechen von einem *spill over*-Effekt, der zur Politisierung der Gemeinschaft führt (*political community*), an deren Ende auch für sie die Föderation steht.[107] Auch Ipsen scheint die Möglichkeit des *spill overs* anzuerkennen,[108] will aber aufgrund seiner unveränderten Abneigung gegen (bundes-)staatliche Einigungskonzepte auf europäischer Ebene den Ausgang der funktionellen Integration offen halten, denn „ob die Gemeinschaften derart der Föderalisierung zuschreiten, vermögen weder [klassische; der Verf.] Funktionalisten noch Neofunktionalisten zu beantworten, und wer als *Jurist* in ihrer Methode verfassungspolitisch denkt, tut recht darin, seinerseits solche Antwort zu verweigern."[109] Auch wenn Ipsen sich somit mit dem *spill over* aus dem neofunktionalistischen Begriffsarsenal bedient, bleibt die maßgebliche theoretische Fundierung seines „Zweckverbands"-Modells doch dem *klassischen Funktionalismus* verhaftet, der anders als der Neofunktionalismus strikt zwischen wirtschaftlich-technischer Kooperation – in Ipsens Terminologie: der Zusammenarbeit im „Zweckverband" – und einer später hieraus erwachsenden politischen Gemeinschaft trennt.[110]

Allerdings ist fraglich, ob Ipsen das funktionelle Element seines Konzepts wirklich ausgehend vom Funktionalismus entwickelte[111] oder dieses Element nicht vielmehr auf anderen Vorarbeiten aufbaut und die Einord-

---

107 Insb. *E.B. Haas*, The Uniting of Europe, Stanford 1968; *ders.*, Beyond the Nation State, Stanford 1964. Zu diesem und zu weiteren Vertretern des Neofunktionalismus *Giering*, Europa (Fn. 101), S. 58 ff.; *U. Schmalz*, Deutschlands europäisierte Außenpolitik, Wiesbaden 2004, S. 127 ff.

108 Stellv. *Ipsen*, Gemeinschaftsrecht (Fn. 8), § 54 Rn. 8; *ders.*, Verfassungsperspektiven (Fn. 29), S. 8.

109 *Ipsen*, Gemeinschaftsrecht (Fn. 8), § 54 Rn. 8 (Hervorhebung im Original).

110 Daher muss sich Ipsen wie der klassische Funktionalismus die Frage entgegenhalten lassen, wie aus einer rein wirtschaftlichen Kooperation ohne jeden politischen Gehalt im Rahmen der *ramification* eine politische Gemeinschaft erwachsen soll (zur Kritik stellv. *D. Frei*, Integrationsprozesse: Theoretische Erkenntnisse und Praktische Folgerungen, in: W. Weidenfeld (Hrsg.), Die Identität Europas, München 1985, S. 123; vgl. auch *Zimmerling*, Einflüsse [Fn. 101], S. 70 ff.; *Giering*, Europa [Fn. 101], S. 47). Dieser Kritik will der Neofunktionalismus durch die Betonung der Bedeutung politischer Institutionen auch im Rahmen der wirtschaftlichen Zusammenarbeit entgehen (vgl. *Giering*, Europa [Fn. 101], S. 59 ff.).

111 So wohl *T. Oppermann*, Europarecht, München 1991, Rn. 789; *ders.*, in: Fachbereich Rechtswissenschaft der Universität Hamburg (Hrsg.), Hans Peter Ipsen 1907–1998, Münster/Hamburg 2001, S. 21 (30).

nung in die Strömung des Funktionalismus wiederum nur eine nachträgliche ist. Ipsen reichert das „Zweckverbands"-Modell erstmals 1966 in seinem Beitrag für die Hallstein-Festschrift mit funktionellen Elementen an, als er unter ausdrücklicher Berufung auf Bülck das „Prinzip des funktionalen Föderalismus" als maßgebliches Ordnungsprinzip der EWG bezeichnet, das im 20. Jahrhundert das Ordnungsprinzip der Bundesstaatlichkeit abgelöst habe.[112] Bülck hatte mit dieser These „internationale und übernationale Organisationen mit jeweils besonderen Aufgaben" beschrieben, „die sich der hergebrachten Ordnung der Staaten überlagern"[113] und hierfür die Begriffe „funktionale[r] Föderation[en]"[114] bzw. „funktionale[r] Zweckverbände"[115] eingeführt, wobei dahinstehen müsse, „[o]b und wie sich die europäischen Staaten zu einer übergreifenden politischen Sinn- und Handlungseinheit und damit zu einer neuen Primärordnung verbinden werden, vielleicht sogar durch demokratisch legitimierte Zusammenfassung funktionaler Teilverbände"[116]. Ipsen übernimmt Gedankengang und Begrifflichkeit Bülcks und bezeichnet die Gemeinschaften als „Zweckverbände funktioneller Föderation"[117]. Ein Jahr später wird er – zwar ohne Fußnotenverweise, aber wohl immer noch unter dem Eindruck von Bülcks Ausführungen – „Sachzwang und politische Notwendigkeit als Voraussetzung und Zündung zur Verwandlung des Zweckverbandes in die politische Gestalt"[118] bezeichnen. Damit ist der funktionalistische Grundgedanke bereits 1966/1967 in Ipsens Schriften präsent, bevor er das erste Mal 1969/1970 auf den amerikanischen Funktionalismus nach Mitrany eingeht[119]. Dies rechtfertigt zusätzlich die hier getroffene Annahme, dass die maßgebliche Vorarbeit zu Ipsens Konzept des „Zweckverbands *funktioneller Integration*" von Hartwig Bülck, den Ipsen in seinem Werk generell häufig zitiert,[120] geleistet wurde. Die Einordnung in das Lager der Funktionalisten, die ein Theoriemodell anbieten, dass zu Ipsens Begriffsbildung passt, erfolgt dagegen erst *ex post*, wohl um

---

112 *Ipsen*, Bundesstaat (Fn. 31), S. 252 m. Fn. 13 ff.
113 *Bülck*, VVDStRL 21 (Fn. 84), 1.
114 *Bülck*, VVDStRL 21 (Fn. 84), 1, 61 (= Ls. 1).
115 *Bülck*, VVDStRL 21 (Fn. 84), 65 (= Ls. 19), s. auch 59.
116 *Bülck*, VVDStRL 21 (Fn. 84), 60.
117 *Ipsen*, Bundesstaat (Fn. 31), S. 252 f. S. auch *dens.*, Verwaltung (Fn. 17), 441.
118 *Ipsen,* Rede (Fn. 30), 198.
119 *Ipsen,* Fusionsverfassung (Fn. 33), S. 62 Fn. 81 (Hogan); *ders.*, Verfassungsperspektiven (Fn. 29), S. 7 (Deutsch, Etzioni, Lindberg, Haas).
120 Etwa *Ipsen,* Jurist (Fn. 7), L 19 f. Fn. 25 f.; *ders.*, (Fn. 33), 20 Fn. 19; *ders.*, Bundesstaat (Fn. 31), S. 252 f. Fn. 13 ff.; *ders.*, Gemeinschaftsrecht (Fn. 8), § 8 Rn. 31 Fn. 51.

dem Begriff eine größere theoretische Autorität sowie interdisziplinäre und internationale Anschlussfähigkeit zu verschaffen.

B. Rezeption

Im Folgenden soll schlaglichtartig die Rezeption von Ipsens „Zweckverbands"-Modell in der deutschsprachigen[121] rechtswissenschaftlichen Literatur ab den frühen 1970er Jahren bis hin zu aktuellen europarechtlichen Darstellungen nachvollzogen werden.

I. Zeitgenössische Rezeption

1. „Kieler Welle"

Ipsens These der Nicht-Parastaatlichkeit, sondern der Autonomie bzw. der – in den Kategorien der Allgemeinen Staatslehre – neuartigen Gestalt der Gemeinschaften wird auf der Staatsrechtslehrertagung in Kiel 1964 in einem grundlegendem Stimmungsumschwung gegenüber der Erlanger Tagung fünf Jahre zuvor[122] – von Ipsen als „Kieler Welle" bezeichnet[123] – die Berichte der Referenten Joseph H. Kaiser und Peter Badura prägen, die zum Thema „Bewahrung und Veränderung demokratischer und rechtsstaatlicher Verfassungsstruktur in den internationalen Gemeinschaften" vortragen[124] und die unter unmittelbarem Eindruck von Ipsens Einlassungen stehen[125]. Kaiser warnt davor, die nationalstaatlich ausgeprägten Begriffe Demokratie und Rechtsstaat unmittelbar auf internationale Gemeinschaf-

---

121 Ipsens Konzept wurde im Ausland nicht rezipiert; s. *v. Bogdandy*, Entwicklungsperspektiven (Fn. 26), S. 132 m. Fn. 128; *Terhechte*, Europarechtswissenschaft (Fn. 40), 1127.
122 *Erler*, VVDStRL 18 (Fn. 12); *Thieme*, ebd. Ipsen spricht in der Rückschau von einem „bedeutende[n] Erkenntnissprung" (*ders.*, Gemeinschaftsrecht [Fn. 8], § 54 Rn. 4).
123 *Ipsen*, VVDStRL 23 (Fn. 8), 128; zur Tagung auch *F. Schorkopf*, Europäisierung der deutschen Verwaltungsrechtswissenschaft, in: W. Kahl/M. Ludwigs (Hrsg.), Handbuch des Verwaltungsrechts, Bd. II, Heidelberg 2021, § 31 Rn. 26 ff. S. ferner die Tagungsberichte von *I. v. Münch*, Staatsrechtslehrertagung 1964, JZ 1964, 692 ff.; *H. Wagner*, Staatsrechtslehrertagung 1964, AöR 89 (1964), 472 ff.
124 *Kaiser*, VVDStRL 23 (Fn. 8), 1 ff.; *Badura*, ebd. 34 ff.
125 So ausdrücklich Kaiser im Rahmen der Aussprache: *ders.*, VVDStRL 23 (Fn. 8), 142 (143).

ten zu übertragen.¹²⁶ Die öffentliche Gewalt internationaler Gemeinschaften stehe im perspektivischen Mittelpunkt „politischer Kräfte und Mächte, der ökonomischen Dynamik des Marktgeschehens [...] wie schließlich juristischer Setzungen". Es sei folglich keine Überraschung, dass eine so geartete öffentliche Gewalt sich den tradierten, nationalstaatlich entwickelten Methoden der demokratischen und rechtsstaatlichen Sicherung entziehe.¹²⁷ Gleichsinnig argumentiert Peter Badura in seinem ausführlicheren und klareren Zweitreferat. Zur Beantwortung der Frage nach der Bewahrung und Veränderung demokratischer und rechtsstaatlicher Verfassungsstrukturen in internationalen Gemeinschaften müssten die Ideen von Demokratie und Rechtsstaat ihren „nationalen Entstehungsgrund überschreiten".¹²⁸ Insbesondere sei eine Übertragung bundesstaatlicher Grundsätze ausgeschlossen, da den Gemeinschaften die „Totalität und die Territorialität der Herrschaft" sowie die Kompetenz-Kompetenz fehle.¹²⁹

Damit sind wesentliche Parameter von Ipsens Modell auch bei Kaiser und Badura vorhanden. Ein ausdrücklicher Verweis auf Ipsens Schlussvortrag auf dem Deutschen Juristentag einen Monat zuvor fehlt in beiden Referaten indes – freilich wohl deshalb, da er damals in der Druckfassung noch kaum vorgelegen haben dürfte. Die begrenzten, sachbezogenen Zweckhaftigkeiten, auf denen Ipsens Modell fußt, werden jedoch auch von beiden Referenten ins Feld geführt.¹³⁰ Im Rahmen der Aussprache merkt Kaiser an: „Zu dem Dank, den es abzustatten gilt, gehört auch die Bemerkung, daß das, was Herr *Ipsen* Kieler Welle genannt hat, von ihm selber mitbegründet wurde, die Länge dieser Welle ist von ihm maßgeblich mitbestimmt worden, namentlich durch seine viel beachteten Beiträge vor der Gesellschaft für Europarecht in Bensheim und vor dem Juristentag".¹³¹ Ipsen wird damit von den Kieler Referenten in ihren Berichten zwar nicht ausdrücklich zitiert, insbesondere sein Vortrag auf dem Deutschen Juristentag ist ihnen aber wohl präsent – auch wenn er aus zeitlichen Gründen auf

---

126 *Kaiser*, VVDStRL 23 (Fn. 8), 17.
127 *Kaiser*, VVDStRL 23 (Fn. 8), 17.
128 *Badura*, VVDStRL 23 (Fn. 8), 38.
129 *Badura*, VVDStRL 23 (Fn. 8), 49 f.
130 *Kaiser*, VVDStRL 23 (Fn. 8), 18: „Zweckgemeinschaften unterschiedlichen Integrationsgrades" im europäischen und atlantischen Bereich; ebd. 28: „sachbezogene Zweckhaftigkeit internationaler Wirtschafts- und Verteidigungsgemeinschaften" (auch Ls. II.2.); *Badura*, VVDStRL 23 (Fn. 8), 36: „dem zweckhaften und technokratischen Operieren der europäischen Wirtschafts- und Militärverwaltung".
131 *Kaiser*, VVDStRL 23 (Fn. 8), 143 (Hervorhebung im Original).

die *grundsätzliche* Linie der Referate keinen maßgeblichen Einfluss mehr gehabt haben dürfte, stehen die Referate doch auch unter seinem Eindruck.

2. Ipsens Schüler

Betrachtet man die akademischen Schüler Ipsens[132], weist Gert Nicolaysen wohl insofern die engste europarechtliche Verbindung zu seinem akademischen Lehrer Ipsen auf, als bereits ab 1963 gemeinsame Aufsätze beider zum Gemeinschaftsrecht entstehen[133]. Die Frage nach der Rezeption des „Zweckverbands" in seinen Veröffentlichungen ist damit von besonderem Interesse, führt aber nicht zu den erwarteten Ergebnissen. Im Gegenteil: In seinem Lehrbuch zum Gemeinschaftsrecht von 1979 kritisiert Nicolaysen den vom klassischen Funktionalismus propagierten Automatismus der Integration, der auch Ipsens Konzept beherrscht, und erwähnt den „Zweckverband" mit keinem Wort.[134] Ein ähnliches Bild vermitteln die Einlassungen der Schüler Helmut Quaritsch[135], Werner Thieme[136], Ernst-Werner Fuß[137] und Wolfgang Martens[138]: Trotz teilweise bestehender thematischer Schnittmengen mit Ipsens Konzept wird der „Zweckverband" kaum erwähnt. Auch Eberhard Grabitz, der zustimmend (wenngleich nicht

---

132 Zu Ipsens Schülern s. *Mangold,* Gemeinschaftsrecht (Fn. 11), S. 249 ff. m. Fn. 78, 83; *H. Schulze-Fielitz,* Staatsrechtslehre als Mikrokosmos, 2. Aufl., Tübingen 2022, S. 613, Tafel IX.
133 *H.P. Ipsen/G. Nicolaysen,* Europäisches Gemeinschaftsrecht, NJW 1963, 1713; *dies.,* Fusion der europ. Exekutiven und Bericht über die aktuelle Entwicklung des Gemeinschaftsrechts, NJW 1963, 2209; *dies.,* Haager Kongreß (Fn. 6); *dies.,* Hochschulstudium (Fn. 13); *dies.,* Europäisches Gemeinschaftsrecht, NJW 1964, 2336.
134 *G. Nicolaysen,* Europäisches Gemeinschaftsrecht, Stuttgart/Berlin/Köln/Mainz 1979, S. 2 f.
135 *H. Quaritsch,* Begrüßung und Geburtstagsrede, in: Nicolaysen/ders. (Hrsg.), Lüneburger Symposion (Fn. 5), S. 11 ff.; *ders.,* Hans Peter Ipsen zum 85. Geburtstag, NJW 1992, 3277 f.; *ders.,* Hans Peter Ipsen †, NJW 1998, 2025.
136 *W. Thieme,* Die Verfassungen Europas, Köln et al. 1997. Ebd. S. 64 findet sich lediglich die Feststellung, die Fusionsverfassung habe den Gemeinschaften „in einer den deutschen Juristen nicht überzeugenden Weise" mehr als nur wirtschaftliche Fragen zugewiesen.
137 Bspw. *E.-W. Fuß,* Die Europäischen Gemeinschaften und der Rechtsstaatsgedanke, Heule 1968; *ders.,* Der Grundrechtsschutz in den Europäischen Gemeinschaften aus deutscher Sicht, Heule 1975; *ders.,* Rechtsstaatliche Bilanz der Europäischen Gemeinschaften, in: H. Hablitzel/M. Wollenschläger (Hrsg.), Recht und Staat – Festschrift für Günther Küchenhoff zum 65. Geburtstag, S. 781 ff.
138 *J. Martens,* Die rechtsstaatliche Struktur der europäischen Wirtschaftsgemeinschaft, EuR 1970, 209 ff.

unter Rekurs auf Ipsen) auf funktionalistische Gedanken eingeht, weist dem „Zweckverband" einen lediglich blassen Aussagegehalt zu.[139] Eine breite Rezeption durch die Schüler Ipsens hat daher nicht stattgefunden.

3. Sonstige Rezeption

Betrachtet man die sonstige zeitgenössische Rezeption des „Zweckverbands"-Konzepts, fällt auf, dass dieses von den frühen europarechtlichen Lehrbüchern entweder nicht wahrgenommen[140] oder bereits früh heftiger und stetiger Kritik ausgesetzt ist. Bereits 1970 wird bemängelt, das Konzept entspreche nicht der Wirklichkeit, in der den Gemeinschaften entgegen Ipsens Grundannahme zahlreiche politische Spielräume gewährt würden.[141] Ipsens Vorstellungen einer rein technokratisch entscheidenden Gemeinschaftsgewalt stellten „Wunschbilder"[142] dar. Auch wird moniert, die dem klassischen Funktionalismus nach Mitrany folgende Annahme fortschreitender Integration allein aufgrund ökonomischen Sachzwangs greife zu kurz; notwendig seien immer allgemeinpolitische Anstöße zur Integration.[143] Als weiterer Kritikpunkt wird schon früh die Gefahr der Schwächung der Gemeinschaft durch die Ipsen'sche „Technokratie in Reinkultur"[144] bzw. „technokratische [...] Sterilität"[145] angeführt, soweit die Gemeinschaften sich zu weit von allgemeinpolitischen Leitvorstellungen abkapselten. Schließlich wird – vermutlich befeuert durch die europäische Aufbruchstimmung Anfang der 1970er Jahre – bemängelt, das nüchterne

---

139 E. *Grabitz*, Europäisches Bürgerrecht zwischen Marktbürgerschaft und Staatsbürgerschaft, Köln 1970, S. 108. Keine Erwähnung hingegen in Grabitz' Dissertationsschrift (*ders.*, Gemeinschaftsrecht bricht nationales Recht, Hamburg 1967): Hier wird Ipsens Vortrag auf dem Deutschen Juristentag 1964 zwar zitiert, jedoch nur im Hinblick auf Fragen der Normenkollision, die Ipsen auch behandelt; s. *Grabitz*, ebd. S. 54 Fn. 222, S. 95 Fn. 461 f.
140 L.-J. *Constantinesco*, Das Recht der Europäischen Gemeinschaften, Baden-Baden 1977; A. *Bleckmann*, Europarecht, Köln et al. 1976.
141 *Wagner*, Fusionsverfassung, (Fn. 68), 268; ferner M. *Zuleeg*, Verfassungsperspektiven, AöR 96 (1971), 593 (594); *Everling*, Gemeinschaftsrecht (Fn. 80), 83 ff.; *ders.*, Zweckverband (Fn. 96), S. 605 ff.; hierzu *Terhechte*, Europarechtswissenschaft (Fn. 40), 1127 f.
142 *Zuleeg*, Verfassungsperspektiven (Fn. 141), 594.
143 *Oppermann*, Entwicklung (Fn. 80), 44; C. *Sasse*, Kommission und Rat. Konstitutionelle Rivalen oder funktionale Partner?, EuR 1972, 341 (353). Hierbei handelt es sich um dieselbe Kritik, auf die der Neofunktionalismus reagiert; s.o. Fn. 110.
144 *Wagner*, Fusionsverfassung (Fn. 68), 268.
145 *Oppermann*, Entwicklung (Fn. 80), 44.

und daher „allzu schwunglos"[146] daherkommende Konzept des „Zweckverbands" sei nicht geeignet, insbesondere kommende Generationen für das Projekt der europäischen Integration zu begeistern[147]. In der zeitgenössischen Kritik am „Zweckverband"-Konzept begegnen damit bereits seit 1970 im Wesentlichen die gleichen Punkte, die Ipsens Begriffsbildung auch heute noch von der herrschenden Lehre, genauer gesagt, heute erst recht und in noch schärferer Form, entgegenhalten werden.[148] Eine Phase der breiten Zustimmung zu Ipsens Konzept im rechtswissenschaftlichen Schrifttum gab es mithin zu keinem Zeitpunkt; der „Zweckverband" war vielmehr von Beginn an von harscher Kritik begleitet, woran sich später nichts geändert hat. Dies ist ein durchaus überraschender Befund für eine bis heute noch immer gelegentlich zitierte und insofern recht „erfolgreiche" Begriffsprägung. Die „Erfolgs"geschichte bezieht sich dabei aber eher auf die Begriffsverwendung als solche, ist also primär eine formale, keine materiale.

II. Der „Zweckverband funktioneller Integration" heute

War eine zustimmende Behandlung des „Zweckverbands"-Konzepts in der jüngeren Vergangenheit zwar eher die Ausnahme,[149] seine Behandlung in den Europarechtslehrbüchern aber immerhin noch die Regel,[150] ist er aus diesen mittlerweile fast vollständig verschwunden.[151] Wie Hallsteins

---

146 *K. Zweigert*, Das grosse Werk Ipsens über europäisches Gemeinschaftsrecht, EuR 1972, 308 (322); treffend auch *Terhechte*, Europarechtswissenschaft (Fn. 40), 1127: „eine recht kühle Veranstaltung".
147 *Wagner*, Fusionsverfassung (Fn. 68), 268.
148 Z. B. *Oppermann*, Europarecht (Fn. 111), § 11 Rn. 789; *C.D. Classen/M. Nettesheim*, in: T. Oppermann/dies., Europarecht, 9. Aufl., München 2021, § 4 Rn. 3 f.; *R. Bieber*, in: ders./A. Epiney/M. Haag/M. Kotzur, Die Europäische Union. Europarecht und Politik, 14. Aufl., Baden-Baden 2021, § 1 Rn. 45 f.; *D. Winkler*, in: E. Grabitz/M. Hilf/M. Nettesheim (Hrsg.), Das Recht der Europäischen Union, 77. EL, München 2022, Art. 352 AEUV Rn. 20; *S. Oeter*, Europäische Integration als Institutionalisierungsprozeß, ZaöRV 59 (1999), 901 (904).
149 *J. Isensee*, Integrationsziel Europastaat, in: Due et al. (Hrsg.), FS Everling (Fn. 70), S. 567 (583 f.); s. auch *Oppermann*, Ipsen (Fn. 80), 452; *ders.*, in: Fachbereich Rechtswissenschaft der Universität Hamburg (Hrsg.), Ipsen (Fn. 111), S. 30.
150 Stellv. *Oppermann*, Europarecht (Fn. 111), Rn. 789.
151 Die einzigen Erwähnungen konnten ausgemacht werden bei *Classen/Nettesheim*, Europarecht (Fn. 148), § 4 Rn. 3, § 18 Rn. 70; *Bieber*, Europäische Union (Fn. 148), § 1 Rn. 44.

"unvollendeter Bundesstaat" wurde er ab 1994 durch den Begriff „Staatenverbund"[152] (bei den Autoren, denen dies zu staatszentriert ist, variiert zum „Verfassungsverbund"[153]) verdrängt. Wird im aktuellen Schrifttum überhaupt noch auf Ipsens „Zweckverband" Bezug genommen, dann im Sinne eines Rekurses auf eine überkommene, der Vergangenheit angehörende Phase der europäischen Integration, die zumeist nur schlagwortartig erwähnt wird.[154] Das heißt nicht, dass Ipsens Konzept vollkommen der Vergessenheit anheimgefallen wäre; manche Elemente wie insbesondere die Warnung vor der Übertragung nationalstaatlicher Figuren und Prinzipien auf die Europäische Union finden sich durchaus noch im europarechtlichen Schrifttum.[155] Der Begriff des „Zweckverbands funktioneller Integration" als solcher wird aber kaum noch ernsthaft diskutiert.[156]

Interessant ist aber die Frage, welche „Spuren" des „Zweckverbands" sich im „Staatenverbund" wiederfinden lassen. Eine Antwort fällt insofern schwer, als dass Ipsen außer der oben erwähnten sprachlichen Kritik keine inhaltliche Auseinandersetzung mit dem „Staatenverbund" vorgelegt hat. Beide Begriffe gleichen sich in der Grundannahme einer kategorialen Unterscheidung von Staaten und Union bzw. von originär-totaler und derivativer-limitierter Hoheitsgewalt, die in Formeln wie „Herren der Verträge", „Kompetenz-Kompetenz" oder „begrenzte Einzelermächtigung" zum Ausdruck kommt.[157] Oppermann behauptet, enge man die „Zwecke" des Verbands nicht zu sehr auf Wirtschaft und Soziales ein, sei der Ipsen'sche

---

152 S.o. Fn. 75 f.
153 So vor allem *I. Pernice*, in: H. Dreier (Hrsg.), GG, Bd. II, 1. Aufl., Tübingen 1998, Art. 23 Rn. 20 ff.; *ders.*, Europäisches und nationales Verfassungsrecht, VVDStRL 60 (2000), Berlin 2001, 148 (163 ff.).
154 Beispielhaft *C. Calliess*, in: ders./M. Ruffert (Hrsg.), EUV/AEUV, 6. Aufl., München 2022, Art. 1 EUV Rn. 9 m. Fn. 16; *C.D. Classen*, Zur offenen Finalität der Europäischen Integration, in: A. Hatje/P.-C. Müller-Graff (Hrsg.), Europäisches Organisations- und Verfassungsrecht (EnzEuR Bd. 1), 2. Aufl., Baden-Baden 2022, § 51 Rn. 4; *Winkler*, Recht der Europäischen Union (Fn. 148), Art. 352 AEUV Rn. 20; *A. Hatje/J. Schwarze*, Der Zusammenhalt der Europäischen Union, EuR 2019, 153 (161); *T. Ackermann*, Sektorielles EU-Recht und allgemeine Privatrechtsdogmatik, ZEuP 2018, 741 (757); *V. Lipp*, Europäische Justizreform, NJW 2001, 2657 (2659).
155 Bspw. bei *D. Grimm*, Braucht Europa eine Verfassung?, JZ 1995, 581 (589 f.).
156 Ausnahme: *C. Baldus*, Das BGB – eine deutsche Zivilrechtskodifikation in Europa, in: C. Herresthal/D. Kaiser/M. Stoffels (Red.), Staudinger, Eckpfeiler des Zivilrechts, 7. Aufl., 2020/2021, Rn. A 244, A 264; s. auch *O. Depenheuer*, Ein tragfähiges Fundament? Zu den kulturellen Grundlagen der Europäischen Union, in: A. Uhle (Hrsg.), Quo vadis Europa?, Berlin 2020, S. 9 (34 ff.).
157 *Bieber*, Europäische Union (Fn. 148), § 1 Rn. 44.

„Zweckverband" vom Kirchhof'schen „Staatenverbund" „gar nicht so weit entfernt"[158]. Dennoch muss, aus der Perspektive Ipsens betrachtet, dem Staatenverbundkonzept eher kritisch gegenübergetreten werden. Diese Kritik hat jedoch nicht (mehr) Ipsen selbst formuliert, sondern – ausgehend von seinem Leitbild des „möglichst ungeninderte[n] Wirken[s] der grenzüberschreitenden Privatautonomie"[159] – der Jubilar Peter-Christian Müller-Graff: Die Kennzeichnung als „Staatenverbund", so Müller-Graff, suggeriere „eine staatliche Abhängigkeit und Reduktion der Gemeinschaftsentwicklung [...], die zwar für die Ebene des Vertragsschlusses normativ zutrifft, aber die überragende Bedeutung der davon ins Werk gesetzten Kräfte für die Entwicklung der konkreten Gestalt der Europäischen Gemeinschaft völlig ausblendet [...]"[160] Dieser Kritik hätte Ipsen, der mit Nachdruck den nicht-staatsanalogen Charakter der supranationalen Gemeinschaft und die selbstständige Dynamik sowie Autonomie des Integrationsprozesses betonte[161], wohl zugestimmt[162].

C. Fazit

Am Ende dieser Untersuchung steht die Erkenntnis, dass Ipsens „Zweckverbands"-Konzept, dessen nüchtern-technokratischer Grundton in seiner ersten Phase von 1964 bis 1968 durchaus dem damaligen Zeitgeist entsprach, bereits ab seiner zweiten Phase, also ab 1969, von der europäischen Verfassungswirklichkeit teilweise überholt wurde und insbesondere deshalb der Kritik bzw. Ablehnung ausgesetzt war. Die fehlende Anschlussfähigkeit

---

158 *Oppermann*, Entwicklung (Fn. 80), 452.
159 *P.-C. Müller-Graff*, Verfassungsziele der Europäischen Union, in: M.A. Dauses/M. Ludwigs (Hrsg.), Handbuch des EU-Wirtschaftsrechts, Band I, München 2022, A.I. Rn. 18; *ders.*, Privatrecht und Europäisches Gemeinschaftsrecht, 2. Aufl., Baden-Baden 1991, S. 17 f.; *ders.*, Gemeinsames Privatrecht in der Europäischen Gemeinschaft: Ebenen und gemeinschaftsprivatrechtliche Grundfragen, in: J. Baur/ders./M. Zuleeg (Hrsg.), Europarecht, Energierecht, Wirtschaftsrecht, Festschrift für Bodo Börner zum 70 Geburtstag, Köln et al. 1992, S. 304; *ders.*, Europäisches Gemeinschaftsrecht und Privatrecht. Das Privatrecht in der europäischen Integration, NJW 1993, 13 ff.; *ders.*, Gemeinsames Privatrecht in der Europäischen Gemeinschaft, 2. Aufl., Baden-Baden 1999, S. 9, S. 14 ff.
160 *P.-C. Müller-Graff*, in: P. Hommelhoff/P. Kirchhof (Hrsg.), Der Staatenverbund der Europäischen Union, Heidelberg 1994, S. 67 (72); s. auch *dens.*, in: Dauses/Ludwigs (Fn. 159), Rn. 48.
161 S.o. sub I.1.
162 Ähnlich *Oppermann*, Ipsen (Fn. 111), S. 30.

wurde – ungeachtet des Scheiterns des europäischen Verfassungsprojekts im Jahre 2005, das Ipsen wohl als Bestätigung seiner Thesen angesehen hätte – spätestens mit den massiven europäischen Politisierungsschüben ab 1992 (vor allem Vertrag von Maastricht, aber auch Verträge von Amsterdam, Nizza und Lissabon) offenbar.

Ob das „Zweckverbands"-Konzept in der seit 2008 andauernden Polykrise (Euro-Krise, Flüchtlings-Krise, Brexit-Krise, Rechtsstaatlichkeitskrise, Corona-Krise) und zumal in Zeiten des Krieges in Europa noch zeitgemäß ist, ist zu bezweifeln. Auch in laufenden Beratungen des Konvents zur Zukunft Europas und in sonstigen Reformüberlegungen zur EU (der Europäischen Kommission oder des französischen Staatspräsidenten Macron) spielt es keine Rolle mehr. Insofern scheint die Zeit über Ipsen hinweggegangen und weisen die Zeichen der Zeit offenbar in eine andere Richtung. Wenn aber beispielsweise Autoren wie Dieter Grimm oder Peter Graf Kielmansegg betonen, die EU als „Zweckverband für Aufgaben, die [die Nationalstaaten] in einer globalisierten Welt nicht mehr effektiv lösen können", solle „ihre Begrenztheit akzeptieren"[163] bzw. sich über „konkrete, wechselnde, gemeinsam zu bewältigende Aufgaben"[164] definieren, ist es zu Hans Peter Ipsen kein allzu weiter Weg. Und in der Tat bleibt gerade Ipsens mahnende Betonung der sachlichen Begrenzung der Unionstätigkeit auf die in den Verträgen übertragenen Aufgaben und Kompetenzen vor dem Hintergrund einer schleichenden Tendenz (vor allem, aber nicht nur des EuGH) zu deren Ausweitung *praeter* bzw. *contra legem*, aber auch Ipsens Skepsis gegenüber einer europäischen Bundesstaats-Romantik vor dem Hintergrund sich wieder mehrender Stimmen in dieser Richtung (siehe den von Olaf Scholz wahrgenommenen „Hamilton-Moment" oder das Bundesstaatsziel im Koalitionsvertrag der Ampel-Koalition von 2021[165]) ein bleibendes wichtiges Erbe des großen Europarechtslehrers aus Hamburg.

---

163 *D. Grimm*, Die Stärke der EU liegt in einer klugen Begrenzung, FAZ v. 11.8.2014, 11.
164 *P. Graf Kielmansegg*, Europa. Neu Denken, FAZ v. 20.4.2020, 6.
165 *Sozialdemokratische Partei Deutschlands/Bündnis 90/Die Grünen/Freie Demokratische Partei*, Mehr Fortschritt wagen, Koalitionsvertrag 2021–2025, Berlin 2021, S. 104. Dazu *G. Felbermayr*, Die Ampel will in der EU dicke Bretter bohren, FAZ v. 30.11.2021, 16.

Verwirklichung einer immer engeren Union der Völker Europas

Vassilios Skouris

A. Verankerung in den Verträgen

Das Generalthema des Festkolloquiums hängt eng mit meinem Vortrag zusammen, insoweit zur Finalität der EU gehört, eine immer engere Union der Völker Europas zu verwirklichen. Die manchmal euphorischen Formulierungen, deren sich die Väter der Verträge bedient haben, um diesen Wunsch zum Ausdruck zu bringen, dürfen nicht darüber hinwegtäuschen, dass die immer engere Union der Völker Europas als nobles Ziel seit Anbeginn festgelegt und in den verschiedenen Vertragsfassungen verteidigt und sukzessiv ausgebaut wurde. Als erster Schritt bietet sich daher an, den Standort der Formel im Primärrecht sowie deren Entwicklung in den verschiedenen Textfassungen zu beschreiben.[1]

I. EWG-Vertrag und Einheitliche Europäische Rechtsakte

Am Anfang steht der Vertrag zur Gründung der Europäischen Wirtschaftsgemeinschaft aus 1957, dessen Präambel als ersten Punkt den festen Willen der vertragschließenden Staaten bekundet, „die Grundlagen für einen immer engeren Zusammenschluss der europäischen Völker zu schaffen". Die Einheitliche Europäische Akte aus 1986 nimmt wiederum in ihrer Präambel Bezug auf die in Stuttgart im Juni 1983 vom Europäischen Rat angenommene Feierliche Deklaration zur EU, in der die Ziele der Union konkretisiert werden. In diesem Dokument bezeichnen die Staats- und Regierungschefs als primäres Ziel „ihre Verpflichtung, auf dem Weg zu einem immer engeren Zusammenschluss der Völker der Mitgliedstaaten der Europäischen Gemeinschaft voranzuschreiten" und verbinden diese Pflicht mit dem „Bewusstsein einer Schicksalsgemeinschaft und dem Willen, die europäische Identität zu behaupten".

---

1 Dazu sowie zur einschlägigen Rechtsprechung des EuGH vgl. den Bericht von *V. Miller*, "Ever Closer Union" in the EU Treaties and Court of Justice case law, House of Commons Library, Briefing Paper No 07230, 16 November 2015.

II. Maastricht-Amsterdam-Nizza-Verfassungsvertrag

Der vor dreißig Jahren in Maastricht geschlossene Vertrag über die Europäische Union begnügt sich nicht mehr mit der Verankerung einer immer engeren Union der Völker Europas in der Präambel, sondern führt ein neues Modell ein. Zunächst erklären die Väter der Verträge traditionsgemäß in der Präambel, dass sie entschlossen sind, „den Prozess der Schaffung einer immer engeren Union der Völker Europas, in der die Entscheidungen entsprechend dem Subsidiaritätsprinzip möglichst bürgernah getroffen werden, weiterzuentwickeln". Doch dieser Deklaration folgt im Hauptteil des Vertrags als Art. A Abs. 2 die Regelung, dass dieser Vertrag „eine neue Stufe bei der Verwirklichung einer immer engeren Union der Völker Europas (darstellt), in der die Entscheidungen möglichst bürgernah getroffen werden".

Der Vertrag von Amsterdam aus dem Jahr 1997 hat die Vorgaben des Maastrichter Vertrags wörtlich übernommen und lediglich in Art. A Abs. 2 des EU-Vertrags hinzugefügt, dass die möglichst bürgernah zu treffenden Entscheidungen der Union auch „möglichst offen" getroffen werden mussten. Im nachfolgenden Vertrag von Nizza aus 2001 wurde das bislang Erreichte aufrechterhalten und daher sind im Hinblick auf unser Thema keine Neuerungen zu melden.

Interessanterweise fehlt in dem letztlich gescheiterten, doch sonst recht integrationsfreundlichen Vertrag für eine Verfassung für die EU jeder Hinweis in der Präambel auf die immer engere Union der Völker Europas.[2] Dies erfolgte auf britischen Druck, was als Warnung hätte klingen müssen, dass die Briten schon damals mit der „ever closing union" ihre besonderen Probleme hatten und – wie wir sehen werden – im Rahmen der Verhandlungen zur Vermeidung des Brexits ein richtiges „opt out" durchgesetzt haben.

III. Vertrag von Lissabon

Das Vertragswerk von Lissabon hat die Rechtsgrundlagen in Bezug auf das Ziel einer immer engeren Union der Völker Europas auf insgesamt vier erhöht. Der Vertrag über die nunmehr mit eigener Rechtspersönlichkeit

---

2 Allerdings wurde die Formel nicht ganz aufgegeben, weil sie in der Präambel der Grundrechte-Charta erscheint, die den Teil II des Verfassungsvertrags bildet.

ausgestattete Europäische Union folgt dem inzwischen bewährten Muster des Maastrichter Vertrags mit der doppelten Verankerung in Präambel und Art. 1, während der Vertrag über die Arbeitsweise der EU in seiner Präambel den festen Willen der Väter der Verträge wiederholt, „die Grundlagen für einen immer engeren Zusammenschluss der europäischen Völker zu schaffen". Eine neue Variante führt die Charta der Grundrechte der EU in ihrer Präambel ein, wo die Völker Europas sich für entschlossen erklären, „auf der Grundlage gemeinsamer Werte eine friedliche Zukunft zu teilen, indem sie sich zu einer immer engeren Union verbinden".

Bevor wir den Überblick über die normativen Grundlagen der immer engeren Union verlassen, sollte noch Art. 48 Abs. 2 EUV erwähnt werden, der gemeinsam mit der dem Vertrag von Lissabon beigefügten Erklärung 18 von einem Teil der Doktrin mit unserer Formel in Verbindung gebracht wird.[3] Im Rahmen des ordentlichen Änderungsverfahrens der Verträge sieht nämlich Abs. 2 von Art. 48 vor, dass die vorschlagsberechtigten Institutionen und die Mitgliedstaaten Änderungsentwürfe vorlegen können, die eine Ausdehnung *oder Verringerung* der der Union übertragenen Zuständigkeiten zum Ziel haben. Dass hier ausdrücklich von einer möglichen Verringerung der Unionskompetenzen die Rede ist, wird als ein Zeichen dafür gewertet, dass das Ziel der immer engeren Union nicht mehr ganz unangefochten ist. Selbst wenn derartige Initiativen noch nicht ergriffen worden sind, kann man dieser Sichtweise eine gewisse Berechtigung nicht absprechen.

B. Der Aussagewert der vertraglichen Grundlagen

Welche Schlüsse kann man aus der Entwicklung der Formel über die immer engere Union bzw. des immer engeren Zusammenschlusses der europäischen Völker ziehen?

I. Konstante Wiederholung und sukzessive Aufwertung der Formel

Als erster Punkt fällt auf, dass die besagte Formel in keiner Vertragsfassung fehlt; vielmehr wird sie erweitert und sukzessive ausgebaut, bis sie in dem

---

[3] Vgl. *C. Calliess* in: C. Calliess/M. Ruffert, EUV-EAUV, Kommentar, 6. Aufl. 2022, Art. 1 EUV Rn. 16 m.w.N.

aktuell anzuwendenden Vertrag von Lissabon einen Höhepunkt erlebt mit ihrer Niederlegung an vier verschiedenen Stellen. Bei einer Gesamtbetrachtung müssen wir daher die konstante Wiederholung und beachtliche Resistenz der immer engeren Union der Völker Europas nicht aus den Augen verlieren.

Zweitens ist in Rechnung zu stellen, dass die Formel konsequent aufgewertet wird, indem sie nicht nur in den Präambeln der EU-Verträge ausnahmslos erscheint, sondern darüber hinaus seit dem Vertrag von Maastricht die Form eines normalen Artikels eingenommen und einen Platz im Hauptteil der Verträge gefunden hat. Abgesehen davon sollte nicht der Eindruck entstehen, dass Präambeln keinen normativen Wert verkörpern und lediglich feierlichen und deklaratorischen Charakter haben. Peter Häberle verdanken wir tiefgründige Studien zur Bedeutung von Präambeln und insbesondere zur Frage, ob es sich um einfache Programmsätze oder um unmittelbar bindendes Recht handelt.[4] Häberle hat sich speziell mit den Präambeln von Verfassungen beschäftigt und ihnen wohl Bindungskraft zugebilligt, indem er sie als „Leitmotiv der (jeweiligen) Verfassung" betrachtet.[5] Aber selbst wenn man meinen sollte, dass den in Präambeln aufgeführten Grundsätzen und Zielen nicht dasselbe normative Gewicht wie den einzelnen Gesetzes- oder Vertragsartikeln zukommt, verfügt der immer engere Zusammenschluss der Völker Europas seit dem Vertrag von Amsterdam über solide Wurzeln im Hauptteil der Vertragswerke und muss daher wie jede normale Rechtsnorm ausgelegt und angewandt werden.

II. Union der Völker, nicht der Staaten Europas

Auf der anderen Seite ist es eine Tatsache, dass von einer immer engeren Union der „Völker" und nicht der „Staaten" Europas die Rede ist. Das legt die Frage nahe, wie man sich die die Realisierung eines solchen Ziels genau vorstellen kann, insbesondere ob und gegebenenfalls welche verbindlichen Maßnahmen damit verbunden sind. Es ist nämlich einfacher, zu beschreiben, was die *Mitgliedstaaten* der EU näherbringt bzw. festzustellen, ob eine bestimmte Initiative diesem Ziel widerspricht, während dieselbe Aufgabe

---

4 Zunächst in seinem Beitrag „Präambeln im Text und Kontext von Verfassungen", Festschrift für J. Broermann, 1982, S. 211 ff., und ausführlicher in dem Band „Verfassungslehre als Kulturwissenschaft", 2. Aufl. 1998, S. 920 ff.
5 *P. Häberle*, Verfassungslehre als Kulturwissenschaft, 2. Aufl. 1998, S. 936.

schwieriger erscheint, wenn es um Völker geht. Das ist sicherlich ein Punkt, der bei der Bewertung eine Rolle spielen wird, ob beispielsweise ein Akt des Sekundärrechts mit der Formel nach einem immer engeren Zusammenschluss der Völker Europas vereinbar ist oder ihr widerspricht. Nachzutragen bleibt in diesem Zusammenhang, dass nach einer in der Literatur breit vertretenen Meinung die Väter der Verträge mit der Benutzung des Plurals „Völker" dem Umstand Rechnung tragen wollten, dass es (noch) kein einheitliches europäisches Volk gibt.[6]

III. Zusammenschluss oder Union der Völker

Eine weitere Bemerkung betrifft die Verwendung zweier Begriffe für die Konkretisierung des spezifischen Ziels, weil einmal von „Zusammenschluss" und das andere Mal von „Union" der Völker die Rede ist. Weiter werden nicht allein die Völker der Mitgliedstaaten der EU angesprochen, sondern die Völker Europas allgemein, was das Verständnis der Formel nicht gerade vereinfacht. Diese Schwierigkeiten lassen sich beseitigen, wenn zum einen „Zusammenschluss" und „Union" als zwei Seiten derselben Medaille betrachtet werden und wenn zum anderen der Terminus „Europa" hier nicht in einem weiten, sondern in einem engen Sinn benutzt und auf die Völker der Mitgliedstaaten beschränkt wird. Im Übrigen würde die EU zwar nicht „ultra vires", aber „extra muros" handeln, wenn sie den Zusammenschluss der Völker ganz Europas zum Gegenstand ihres Aktionsradius erhoben hätte. Der Vollständigkeit halber sollte nicht unerwähnt bleiben, dass der Ausdruck „Völker Europas" mit dem weiteren Integrationsprozess, d.h. mit den Beitrittskandidaten und -aspiranten in Verbindung gebracht werden kann[7].

Wenn wir uns über diese zwei Gesichtspunkte einig sind, ist es an der Zeit, nach dem Beitrag der Rechtsprechung des EuGH zur weiteren Aufklärung der Formel zu suchen.

---

6 Nachweise bei *C. Calliess*, aaO (Fn. 3), Rn. 24 zu Art. 1 EUV mit Fn. 44. Diese Auffassung wird auch vom Bundesverfassungsgericht vertreten: Vgl. BVerfGE 89, 155 (185 f.).
7 *M. Nettesheim* in: E. Grabitz/M. Hilf/M. Nettesheim, Das Recht der Europäischen Union, (Stand: September 2021), Rn. 21 zu Art. 1 EUV.

C. Die einschlägige Rechtsprechung des EuGH

Vermutlich wird es niemanden überraschen, dass keine ausgiebige Judikatur zur „immer engeren Union der Völker Europas" existiert. Es ist nämlich nicht ohne weiteres vorstellbar, wie diese Formel im Mittelpunkt einer Rechtsstreitigkeit vor dem EuGH stehen kann. Eigentlich müsste eine integrationswidrige oder -hemmende Maßnahme vorliegen, die zum erklärten Ziel hat, der immer engeren Union der Völker Europas entgegenzutreten. Seitens der Unionsorgane wäre ein solcher Sachverhalt nicht direkt wahrscheinlich. Bei den Mitgliedstaaten ist es eher denkbar, dass sie eine Entscheidung treffen, die dem Zusammenschluss der EU-Bürger abträglich ist, weil sie z.B. die Freizügigkeit der Personen oder die Dienstleistungsfreiheit ungebührlich einschränkt, und zu einer Vertragsverletzungsklage der Kommission führt. Doch sind in solchen Fällen die spezifischen und detaillierten Bestimmungen der Verträge über die Grundfreiheiten[8] bzw. das einschlägige und ausgiebige Sekundärrecht primär am Zug. Sie reichen vollkommen aus, die Vertragsverletzung zu ahnden, so dass kein wirklicher Bedarf für die Formel nach der immer engeren Union der Völker Europas besteht.

I. Zitate in obiter dicta

Bei dieser Rechts- und Sachlage kann man Stellungnahmen des Gerichtshofs eher in obiter dicta erwarten und wird insoweit nicht enttäuscht. Bezeichnend ist, dass eine intensivere Auseinandersetzung mit der besagten Formel wegen ihres Gewichts in wichtigen Rechtssachen erfolgt und die Aufmerksamkeit des außerordentlich selten tagenden Gerichtsplenums verdient. So wird sie im Gutachten 2/13 zum geplanten Abkommen zum Beitritt der Europäischen Union zur Europäischen Menschenrechtskonvention mit den wesentlichen Merkmalen des Unionsrechts in unmittelbarer Verbindung gebracht. Diese Merkmale haben nämlich „zu einem strukturierten Netz von miteinander verflochtenen Grundsätzen, Regeln und Rechtsbeziehungen geführt (haben), das die Union selbst und ihre Mitgliedstaaten wechselseitig bindet sowie die Mitgliedstaaten untereinander, die nunmehr,

---

8 EuGH, Gutachten 2/13, zum Entwurf eines Übereinkommens zum Beitritt der EU zur EMRK, ECLI:EU:C:2014:2454.

in den Worten von Art. 1 Abs. 2 EUV in die Verwirklichung einer immer engeren Union der Völker Europas eingebunden sind"[9].

II. Die Rechtssache Wightman

Klarer und verbindlicher sind die diesbezüglichen Aussagen des EuGH im Urteil zur Rechtssache Wightman aus dem Jahr 2018[10]. Zur Entscheidung stand im Zusammenhang mit dem Brexit die Frage, ob trotz der gemäß Art. 50 EUV erfolgten Mitteilung eines Mitgliedsstaats, dass er beabsichtige, aus der Union auszutreten, dieser Staat das Recht behalten würde, innerhalb des in Art. 50 Abs. 3 EUV vorgesehenen Zeitraums, die Mitteilung einseitig zurückzunehmen und den Austritt obsolet zu machen. Wie bekannt, hat der Gerichtshof diese Frage bejaht und im Rahmen seiner Argumentation zur Auslegung von Art. 50 EUV ist er zweimal auf unsere Formel eingegangen. Zunächst setzt der EuGH Art. 50 u.a. mit der Präambel und dem Art. 1 EUV in Verbindung, insoweit aus beiden Regelungen folgt, dass die Verträge dazu dienen, eine immer engere Union der Völker Europas zu schaffen[11]. Deutlicher ist dann der Hinweis, dass ein Verständnis von Art. 50 EUV in dem Sinn, dass die Bestimmung einer solchen Rücknahme entgegenstehen würde, *in Widerspruch* zum Ziel der Verträge stünde, eine immer engere Union der Völker Europas zu schaffen, weil damit ein Mitgliedstaat zum Austritt gezwungen wäre, auch wenn er beschließt, diesen Austritt durch Rücknahme der den Austritt auslösenden Mitteilung rückgängig zu machen und in der Union zu bleiben[12].

III. Beiläufige Erwähnung der Formel

Im Übrigen wird die Formel in einer Reihe von Urteilen des Gerichtshofs und des Gerichts sowie (relativ häufig) in Schlussanträgen der Generalanwälte erwähnt, ohne allerdings eine tragende Bedeutung zu erlangen. Z.B. wird sie oft im Zusammenhang mit Entscheidungen über den Zugang zu Dokumenten zitiert, weil – wie wir gesehen haben – seit dem Vertrag von

---

9 EuGH, aaO, Rn. 164.
10 EuGH, Rs. C-621/18, Wightman u.a., ECLI:EU:C:2018:999.
11 EuGH, aaO, Rn. 61.
12 EuGH, aaO, Rn. 67.

Amsterdam die immer engere Union der Völker Europas verwirklicht werden soll, damit die Entscheidungen in dieser Union möglichst bürgernah und *möglichst offen* getroffen werden[13]. Es ist also die Transparenz, auf die es im Wesentlichen in den betreffenden Entscheidungen und Schlussanträgen ankommt, und nicht so sehr die immer engere Union der Völker Europas als solche.

D. Zwischenergebnis

Auf der Grundlage der vorausgegangenen Ausführungen kann man mit der gebotenen Vorsicht als Zwischenergebnis festhalten, dass die Formel nach der immer engeren Union der Völker Europas, obwohl sie nicht zum täglichen Brot des Europajuristen gehört, nicht rein programmatischer Natur ist, sondern rechtliche Substanz besitzt und in die Rechtsprechung des EuGH Eingang gefunden hat. Diese Feststellung ist wichtig, weil der normative Wert des in der Formel zum Ausdruck gekommenen Ziels im Rahmen der Ereignisse um den Brexit sehr stark bezweifelt worden ist.

E. Die Rolle der immer engeren Union im Brexit

Der Ursprung dieser Zweifel ist in einem Artikel des früheren britischen Premierministers David Cameron in der Zeitung „Telegraph" vom 15. März 2014 zu suchen. Er schrieb, dass das Konzept der „immer engeren Union" für manche Mitgliedstaaten passend sein mag, nicht aber für das Vereinigte Königreich, das nicht mehr diesem Prinzip unterworfen sein wollte[14]. Mit dem entsprechenden Versprechen im Wahlprogramm der konservativen Partei ist Cameron in die Wahl vom Mai 2015 gezogen und hat sie gewonnen, was ihn veranlasst hat, gegenüber seinen Partnern in der EU Forderungen zu erheben, unter denen die Aufgabe der „immer engeren Union"

---

13 Oben I 2.
14 Der Artikel von Cameron trug den Titel „The EU is not working and we will change it". Über das schwierige Verhältnis des Vereinigten Königreichs zur EU unter den Vorgängern von Cameron (und zwar bereits unter Harold Wilson über Margaret Thatcher und John Major bis Tony Blair) vgl. die Bemerkungen von A. Duff, Cameron's EU reform claims: If not "ever closer union", what?, Verfassungsblog vom 16. Januar 2016. Interessant sind auch die „Editorial comments" unter dem Titel „Withdrawing from the 'ever closer union'?", in der CMLR 2016, S. 1491–1499.

an vorderster Stelle stand. Diese Forderungen gewannen an Bedeutung, weil Cameron vor der Wahl die Durchführung eines Referendums über den weiteren Verbleib des Vereinigten Königreichs in der Europäischen Union versprochen hatte und nun unter Zugzwang stand. Schließlich wurde die Angelegenheit vom Europäischen Rat am 18./19. Februar 2016 behandelt und hat zu einem „Beschluss der im Europäischen Rat vereinigten Staats- und Regierungschefs über eine neue Regelung für das VK innerhalb der EU" geführt[15]. Es handelte sich also um eine Art „Wahlhilfe" für Cameron, die ihm ermöglichen sollte, das anstehende Referendum mit einem für den Verbleib des Vereinigten Königreichs in der Europäischen Union positiven Ergebnis zu überstehen.

I. Der Beschluss des Europäischen Rates

Der Beschluss des Europäischen Rates befasst sich unter der Rubrik „Souveränität" ausführlich mit der „immer engeren Union" und verfolgt eindeutig das Ziel, die Tragweite der Formel radikal abzuschwächen. So ist davon die Rede, es sei anerkannt, „dass das VK in Anbetracht seiner Sonderstellung nach Maßgabe der Verträge nicht zu einer weiteren politischen Integration in die EU verpflichtet ist"[16]. Weiter wird der Eindruck erweckt, dass die Bezugnahmen in den Verträgen auf eine immer engere Union nicht für das Vereinigte Königreich gelten, was allerdings anlässlich der nächsten Vertragsüberarbeitung bestätigt werden soll. Durch weitere komplizierte Formulierungen wird deutlich, dass wir einem typisch politischen Kompromiss gegenüberstehen, der im Hinblick auf die Formel nach der immer engeren Union den status quo ändern will, ohne dies eindeutig zuzugeben[17]. So erklärt sich auch die Sorge der Staats- und Regierungschefs um die rechtliche Bedeutung ihres Schrittes, die darin zum Ausdruck kommt, dass mehrmals im Text festgelegt wird, der Beschluss würde nur in Kraft treten, wenn das Referendum positiv ausgeht[18]. Eher von schlechtem Ge-

---

15 Schlussfolgerungen des Europäischen Rates vom 18. bis 19. Februar 2016 (2016/C 69 I/01), Anlage I Abschnitt C.
16 Europäischer Rat, aaO (C 69 I/6), unter 1. Gegen diese Sichtweise wendet sich J. De Ruyt, Is there an escape from „Ever Closer Union"?, European Policy Brief No 49, Februar 2018, S. 2, und spricht von den „illusions of Brexit".
17 Europäischer Rat, aaO.
18 Europäischer Rat, aaO, C 69 I/2 unter 4.: „Es gilt als vereinbart, dass die unter Nummer 2 genannten Vereinbarungen (d.h. die Zugeständnisse für das Vereinigte

wissen zeugt auch die Versicherung, der Europäische Rat habe Einvernehmen darüber erzielt, dass die einzelnen Vereinbarungen „mit den Verträgen voll und ganz im Einklang stehen" würden[19]. Wenn das der Fall ist, ist eine solche Beteuerung überflüssig. Trifft die Behauptung über die Vertragskonformität hingegen nicht zu, so hilft eine entgegenstehende Erklärung des Europäischen Rats nicht weiter.

II. Der durch den Beschluss angerichtete Schaden

Nun könnte man meinen, dass kein nennenswerter Schaden eingetreten sei, weil der Beschluss wegen des negativen Ausgangs des britischen Referendums zu keinem Zeitpunkt in Kraft getreten ist. Doch ist diese Betrachtungsweise zu optimistisch, weil die Staats- und Regierungschefs der Mitgliedstaaten bereit waren, einen renitenten Mitgliedstaat, um ihn in der EU zu halten, von dem Ziel der immer engeren Union praktisch zu entbinden, bzw. auf dem Weg zu einer immer engeren Union der Völker verschiedene Grade der Integration für einzelne Mitgliedstaaten zu kreieren. Im Ergebnis bleibt der bittere Nachgeschmack, dass eine wichtige Institution der EU auf der Ebene der Staats- und Regierungschefs nicht gezögert hat, die normative Kraft der Formel nach der immer engeren Union der Völker ungeachtet ihrer langen Vorgeschichte und konstanten Verankerung in den Verträgen wesentlich zu relativieren.

Welche Lehren können wir aus dieser gewiss unglücklichen Entwicklung ziehen?

F. Ausblick

Rechtlich kann sich nicht viel geändert haben, weil die Formel nach wie vor im Vertrag von Lissabon an vier verschiedenen Stellen erscheint und in der Rechtsprechung des EuGH einen – wenn auch keinen herausragen-

---

Königreich) nicht weiter bestehen werden, sollte das Referendum im Vereinigten Königreich den Austritt aus der Europäischen Union ergeben". Weiter ist in der Anlage I Abschnitt E unter 2. (C 69 I/9) zu lesen: „Dieser Beschluss wird am gleichen Tag wirksam, an dem die Regierung des Vereinigten Königreichs dem Generalsekretär des Rates mitteilt, dass das Vereinigte Königreich beschlossen hat, Mitglied der Europäischen Union zu bleiben".

19 Europäischer Rat, aaO, C 69 I/1 unter 2.

den – Platz behauptet. In der Rechtslehre werden unterschiedliche Auffassungen vertreten und reichen von der Anerkennung einer grundlegenden Bedeutung der Formel bis zur Zubilligung eines symbolischen Wertes ohne echten normativen Inhalt[20]. Die unrühmlichen Ereignisse um den Brexit haben sicherlich ihre Spuren hinterlassen, allerdings sind seit dem Ende dieser Krise und dem Austritt des Vereinigten Königreichs aus der EU keine konkreten Anhaltspunkte sichtbar, die die immer engere Union der Völker Europas direkt im Visier haben.

Dennoch ist größte Vorsicht geboten, weil die inzwischen als systemisch zu qualifizierenden Angriffe auf bewährte rechtsstaatliche Errungenschaften der EU sich sehr wohl auf die Formel auswirken, indem sie einer immer engeren Union Hindernisse in den Weg stellen und der weiteren Integration abträglich sind[21]. Die Gefahr kommt heute aus einer ganz anderen Richtung, ist prinzipieller Natur und birgt erhebliche Risiken für die Zukunft der europäischen Integration. Man kann sich kaum „eine immer engere Union" vorstellen, wenn fundamentale Werte, auf denen sich die Europäische Union gründet, von bestimmten Ländern bewusst und massiv verletzt werden[22]. Solche Erscheinungen führen die Völker Europas nicht zueinander, sondern bringen sie im Gegenteil auseinander und dürfen daher – auch nicht nur vorübergehend – geduldet werden. Politische Rücksichten auf permanent sündige Mitgliedstaaten, die offen erklären, dass sie ihrer Verfassung den absoluten Vorrang vor dem Unionsrecht gewähren oder nicht gewillt sind, den Entscheidungen des EuGH zu folgen[23], sind fehl am Platz. Wir dürfen hier nicht vergessen, dass Rabatte in grundsätzlichen Fragen bleibende Schäden ausrichten, die nicht mehr repariert werden können.

---

20 Deutlich in dieser Richtung S. *Weatherhill*, The (absence of) legal significance of "ever closing union", Commentary, UK in a changing Europe, 27 Jan 2016.
21 Dazu Schlussanträge von Yves Bot zur Rechtssache C-643/15, Slowakei und Ungarn/Rat, ECLI:EU:C:2017:618, Rn. 17.
22 Vgl. Art. 2 EUV und ausführlich V. *Skouris*, Demokratie und Rechtsstaat. Europäische Union in der Krise?, 2018.
23 Bericht von M. *Sieradzka*, Polens Regierungspartei PiS lehnt EuGH-Urteil ab, Deutsche Welle, unter der Rubrik Themen/Welt vom 2.3.2021.

Europäisierung des internationalen Privatrechts – Einige Aspekte in der Judikatur des EuGH

Lajos Vékás

A. Einführung

Auf dem Gebiet des internationalen Privat- und Verfahrensrechts hat der EG-Reformvertrag von Amsterdam die Tür für die Vereinheitlichung der Regeln in den Mitgliedstaaten durch Verordnungen geöffnet.[1] Mit seinem Inkrafttreten am 1. Mai 1999 ist dieses Rechtsgebiet als Teilbereich der justiziellen Zusammenarbeit in Zivilsachen von der dritten zur ersten Säule geworden. Dieser Schritt wurde in dem AEUV in seiner Fassung von Lissabon ausdrücklich bekräftigt. Die Regelung in Art. 81 AEUV bildet seither die primärrechtliche Grundlage für die Vereinheitlichung des internationalen Privat- und Verfahrensrechts durch sekundäres Unionsrecht.[2] Aufgrund dieser Gesetzgebungskompetenz der Europäischen Union wurden wichtige Gebiete weitgehend vereinheitlicht. Dies haben die beiden Brüssel-EU-Ver-

---

[1] Art. 61 lit. c EGV.
[2] Dem Vertrag über die Europäische Union und dem AEUV wurden das Protokoll Nr. 21 und das Protokoll Nr. 22 beigefügt, in denen dem Vereinigten Königreich und Irland bzw. Dänemark ein besonderer Status gewährt wurde. Dem Vereinigten Königreich und Irland wurde im Artikel 4 des Protokolls Nr. 21 über die Position des Vereinigten Königreichs und Irlands ein opt in Recht hinsichtlich der IPR Verordnungen gesichert. Das Vereinigte Königreich und Irland haben von diesem Recht Gebrauch gemacht und waren/sind an den IPR Verordnungen beteiligt, bis auf die durch eine verstärkte Zusammenarbeit zustande gekommenen drei Verordnungen und die Erbrechtsverordnung, durch die diese Mitgliedstaaten weder gebunden noch zu ihrer Anwendung verpflichtet sind. Das Vereinigte Königreich hat seine Teilnahme nach dem Brexit nur an der Rom-I-Verordnung und der Rom-II-Verordnung aufrechterhalten (Regulation 2019 No. 834). Gemäß den Artikeln 1 und 2 des Protokolls Nr. 22 über die Position Dänemarks beteiligt sich Dänemark nicht an der Annahme dieser Verordnungen und ist weder durch sie gebunden noch zu ihrer Anwendung verpflichtet. Dänemark hat ausnahmsweise die Anwendung der Brüssel-I-Verordnung in dem Übereinkommen zwischen der EG und Dänemark von 19. 10. 2005 erklärt und ist auch an der Brüssel-Ia-Verordnung sowie (mit Ausnahme der Kapitel VI und VII) an der Verordnung (EG) Nr. 4/2009 des Rates über die Zuständigkeit, das anwendbare Recht, die Anerkennung und Vollstreckung von Entscheidungen und Zusammenarbeit in Unterhaltssachen beteiligt.

ordnungen hinsichtlich der Regelung über die gerichtliche Zuständigkeit und die Anerkennung und Vollstreckung von Entscheidungen geleistet, die Rom I und Rom II EG-Verordnungen mit Schaffung eines einheitlichen Kollisionsrecht über das vertragliche und außervertragliche Schuldrecht verwirklicht. Gleiches gilt für das internationale Unterhalts- und Unterhaltsverfahrensrecht aufgrund des von der Europäischen Union ratifizierten Haager Protokolls über das auf Unterhaltspflichten anzuwendende Recht vom 23. 11. 2007, bzw. der EG-Verordnung Nr. 4/2009. Ebenso vereinheitlicht wurde das internationale Erb- und Erbverfahrensrecht durch die Verordnung Nr. 650/2012. Schwieriger hat sich die Vereinheitlichung des internationalen Familienrechts erwiesen. Hinsichtlich der Rom III EU-Verordnung Nr. 1259/2010 über das auf die Ehescheidung und Ehetrennung anzuwendende Recht sowie der beiden EU-Verordnungen Nr. 2016/1103 und Nr. 2016/1104 über das internationale Güterrecht von Ehegatten bzw. von eingetragenen Lebenspartnern konnte man keine Einstimmigkeit erreichen und musste deshalb auf das Instrument der Verstärkten Zusammenarbeit nach Art. 326–334 AEUV zurückgreifen. Dies bedeutet zwangsläufig eine Zweispurigkeit des internationalen Kollisionsrechts innerhalb der Europäischen Union. Zudem sind bisher wesentliche Teile dieses Rechtsgebiets wie das internationale Sachenrecht, Eheschließungsrecht und die Adoption nicht vom gemeinsamen Recht erfasst. Hinzu treten Lücken in den europäischen Verordnungen, die aus verschiedenen Gründen geblieben sind und die durch die nationalen Regelungen gefüllt werden müssen.[3]

Selbst mit diesen Lücken und Schönheitsfehlern ist das erreichte Niveau ein beachtliches Ergebnis in der Vereinheitlichung des europäischen internationalen Privatrechts.[4] Das vereinheitlichte Zuständigkeitsrecht hat den Vorteil, dass jedes mitgliedstaatliches Gericht über seine Kompetenz oder deren Mangel nach denselben Regeln entscheidet. Dasselbe gilt für die Anerkennung und Vollstreckung ausländischer Urteile. Aufgrund der vereinheitlichten Kollisionsnormen wenden die Mitgliedstaatsgerichte dasselbe materielle Recht an und dadurch wird das alte formale Ideal des internationalen Privatrechts seit *Savigny*, nämlich internationaler (äußerer) Entscheidungseinklang oder internationale (äußere) Entscheidungsgleichheit

---

3 Siehe dazu E. *Jayme*, Die künftige Bedeutung der nationalen IPR-Kodifikationen, IPRax 2017/2, S. 179–183.
4 Zu diesem Prozess aus der Sicht der ungarischen Gesetzgebung und Gerichtspraxis siehe T. *Szabados*, EU Private International Law in Hungary, ELTE Law Journal 2018/2, S. 41–64.

verwirklicht.⁵ Zur Bewahrung dieser Errungenschaften sind die Gerichte und an deren Spitze der EuGH berufen. Im Folgenden werden einige Urteile des EuGH in dieser Hinsicht untersucht.

B. Die Auslegungskunst des EuGH

Das Vorabentscheidungsverfahren ist die par excellence Möglichkeit zur Auslegung der Normen in den Verordnungen. Das Ersuchen verlangt die Beantwortung der Vorlagefrage und geht um die Auslegung bestimmter Normen. Der EuGH zeigt von Fall zu Fall seine Auslegungskunst, mal eher, mal weniger überzeugend.

Als allgemeines Ausgangsprinzip der Auslegungspraxis des EuGH kann die *autonome Auslegung* bezeichnet werden. Nach ständiger Rechtsprechung des EuGH folgt aus den Erfordernissen sowohl der einheitlichen Anwendung des Gemeinschaftsrechts als auch des Gleichheitssatzes, dass die Begriffe einer Vorschrift des Gemeinschaftsrechts, die für die Ermittlung ihres Sinnes und ihrer Bedeutung nicht ausdrücklich auf das Recht der Mitgliedstaaten verweist, in der Regel in der gesamten Europäischen Gemeinschaft eine *autonome und einheitliche Auslegung* erhalten müssen, die unter Berücksichtigung des Kontextes der Vorschrift und des mit der fraglichen Regelung verfolgten Ziels gefunden werden muss.⁶ Die Auslegung einer Regel erfolgt also unter Berücksichtigung nicht nur ihres Wortlauts, sondern auch ihres Zusammenhangs und der Ziele, die mit der Regelung, zu der sie gehört, verfolgt werden.⁷ Die Handhabung dieser Prinzipien in den einzelnen Urteilen soll einführend anhand der Beispiele von den Begriffen des „gewöhnlichen Aufenthalts" und der „Zivilsachen" erläutert werden. Dann wird ein besonders wichtiges Gebiet, der internationalprivatrechtlicher Schutz der öffentlichen Ordnung behandelt.

Trotz der zunehmenden Mobilität ist *der gewöhnliche Aufenthalt* das primäre Anknüpfungskriterium (Anknüpfungsmoment) in den europäischen

---

5 *P. H. Neuhaus*, Die Grundbegriffe des Internationalen Privatrechts, 2. Aufl., Tübingen 1976, S. 49–63.; *G. Kegel/K. Schurig*, Internationales Privatrecht, 8. Aufl., München 2000, 122 f.; *K. Siehr*, Internationales Privatrecht, Heidelberg 2001, S. 91.; *Thomas Rauscher*, Internationales Privatrecht, Heidelberg 2009, S. 15 f.
6 Vgl. z. B. EuGH, Urt. v. 18.1.1984, C-327/82, Rn. 11; EuGH, Urt. v. 6.3.2008, C-98/07, Rn. 17 und EuGH, Urt. v. 2.4.2009, C-523/07, Rn. 34.
7 Vgl. z. B. EuGH, Urt. 11.7.2013, C-409/11, Rn. 23 und EuGH, Urt. v. 20.12.2017, C-372/16, Rn. 36.

Verordnungen, und zwar nicht nur für das Personalstatut. Er wird als räumlicher Bezugsschwerpunkt der betroffenen Person verstanden. Die Auslegung dieses Begriffs beschäftigt wiederholt den EuGH, insbesondere in den Fällen wo der gewöhnliche Aufenthalt von Minderjährigen zu bestimmen ist. Der EuGH stellt abermals fest, dass der gewöhnliche Aufenthalt anhand aller tatsächlichen Umstände des Einzelfalls zu ermitteln ist. Beispielsweise besagt der EuGH in seinem Urteil hinsichtlich Art. 8 I der Brüssel-IIa-Verordnung, dass unter gewöhnlichem Aufenthalt der Ort zu verstehen sei, welcher eine gewisse soziale und familiäre Integration des Kindes zum Ausdruck brächte. Hierfür seien insbesondere die Dauer, die Regelmäßigkeit und die Umstände des Aufenthalts sowie die Gründe für diesen Aufenthalt, die Staatsangehörigkeit des Kindes, Ort und Umstände der Einschulung, die Sprachkenntnisse sowie die familiären und sozialen Bindungen des Kindes in dem betreffenden Staat zu berücksichtigen. Es sei Sache des nationalen Gerichts, unter Berücksichtigung aller tatsächlichen Umstände des Einzelfalls den gewöhnlichen Aufenthalt des Kindes festzustellen.[8]

Auslegungsbedürftig kann der Begriff „*Zivilsachen*" in den beiden Brüssel-Verordnungen sein. Hinsichtlich Art. 1 I der Brüssel-IIa-Verordnung hat z. B. der EuGH festgestellt, dass dieser Begriff dahin auszulegen sei, dass eine Entscheidung, die die sofortige Inobhutnahme und die Unterbringung eines Kindes außerhalb der eigenen Familie anordnet, unter den Begriff „Zivilsachen" im Sinne dieser Bestimmung fiele, wenn die Entscheidung im Rahmen des dem öffentlichen Recht unterliegenden Kindesschutzes ergangen sei. Der Begriff könne sogar Maßnahmen umfassen, die in der Rechtsordnung eines Mitgliedstaats dem öffentlichen Recht unterlägen. Diese Auslegung würde durch den zehnten Erwägungsgrund der Verordnung gestützt, wonach die Verordnung nicht für „Maßnahmen allgemeiner Art des öffentlichen Rechts in Angelegenheiten der Erziehung und Gesundheit" gelte. Dieser Ausschluss bestätige, dass der Gemeinschaftsgesetzgeber nicht sämtliche unter das öffentliche Recht fallenden Maßnahmen vom Anwendungsbereich dieser Verordnung ausnehmen wollte.[9]

---

8 EuGH, Urt. v. 2.4.2009, C-523/07, Rn. 44.
9 EuGH, Urt. v. 2.4.2009, C-523/07, Rn. 27–29.

C. Die Auslegung der Vorbehaltsklausel des ordre public

1. Jede europäische Verordnung enthält eine *allgemeine Vorbehaltsklausel* zum Schutz der öffentlichen Ordnung. Die Formulierung dieser Klausel in den Verordnungen ist nahezu identisch. In den *kollisionsrechtlichen* Verordnungen, wie auch in den staatlichen internationalen Privatrechten, hat die allgemeine Vorbehaltsklausel eine negative Funktion, indem sie bestimmt, dass eine Norm nicht Anwendung findet, wenn deren Ergebnis im Einzelfall elementare Wertungen der *lex fori* offensichtlich verletzt. Nach den *prozessualen Vorbehaltsklauseln* in den verfahrensrechtlichen Verordnungen wird die Entscheidung nicht anerkannt, wenn die Anerkennung der öffentlichen Ordnung des Mitgliedstaats, in dem sie beantragt wird, offensichtlich widerspricht. Schon der Text selbst drückt aus, dass die Vorbehaltsklausel des *ordre public* eine Ausnahmevorschrift ist. Sie verlangt die Offensichtlichkeit des Verstoßes gegen die grundsätzlichen Werte der *lex fori*. Einige Verordnungen definieren neben einer allgemeinen Vorbehaltsklausel auch *spezielle Vorbehaltsklauseln*, die bei einem bestimmten Sachverhalt die Anwendung der ausländischen Norm ausschließen und stattdessen die Anwendung der international zwingenden Norm der *lex fori* vorschreiben. Eine typische spezielle Vorbehaltsklausel ist der Art. 10 der Rom-III-Verordnung, der die Anwendung solcher Normen ausschließt, die eine Ehescheidung nicht vorsehen.

2. Über einen *europäischen ordre public* spricht man heute in gewissen Gebieten, wo sich eine gemeinsame Haltung zu einem Mindeststandard im Privatrecht entwickelt. Beispielsweise gestalten EU-Richtlinien mit international zwingenden Normen, mit sog. Drittstaatklauseln einen solchen Mindestschutz des *Verbrauchers* oder des *Arbeitnehmers*. In einer solchen Situation, bei genügendem EU-Bezug ist eine Rechtsnorm eines Drittstaates nicht anzuwenden, wenn ihre Anwendung zu einem Ergebnis führt, das mit dem Schutzminimum in der Richtlinie unvereinbar ist. Bei der Anwendung der Vorbehaltsklausel ist Zurückhaltung geboten, weil mit ihr nur ein untragbares Ergebnis abgewehrt werden soll. Verständlicherweise sind die Mitgliedstaaten sehr vorsichtig, die Regelung eines anderen Mitgliedstaats als gegen ihre öffentliche Ordnung verstoßend zu erklären. Die Mitgliedstaaten müssen aber dafür sorgen, dass ihr Recht den europäischen Grundfreiheiten Rechnung trägt.

3. Der Gerichtshof hat in seinen Urteilen Schritt für Schritt die *Grenzen des Schutzes der öffentlichen Ordnung* gezogen und wichtige Anhaltspunkte

festgelegt.[10] Der Begriff der öffentlichen Ordnung im Unionsrecht, insbesondere, wenn er eine Ausnahme von einer der *Grundfreiheiten* rechtfertigen solle, sei eng zu verstehen. Seine Tragweite dürfte nicht von jedem Mitgliedstaat einseitig ohne Nachprüfung durch die Organe der Europäischen Union bestimmt werden. Folglich sei eine Berufung auf die öffentliche Ordnung nur dann möglich, wenn eine tatsächliche und hinreichend schwere Gefährdung vorliege, die ein Grundinteresse der Gesellschaft berühre.[11] Allerdings könnten die konkreten Umstände, die möglicherweise die Berufung auf den Begriff der öffentlichen Ordnung rechtfertigen, von einem Mitgliedstaat zum anderen und im zeitlichen Wechsel verschieden sein. Insoweit sei den zuständigen innerstaatlichen Behörden daher ein Beurteilungsspielraum innerhalb der durch den EU-Vertrag gesetzten Grenzen zuzubilligen.[12] Die Grundrechte gehörten zu den allgemeinen Rechtsgrundsätzen, deren Wahrung der Gerichtshof zu sichern hätte. Es komme hier der Europäischen Konvention zum Schutze der Menschenrechte und der Grundfreiheiten besondere Bedeutung zu. Die Notwendigkeit und Verhältnismäßigkeit der einschlägigen Bestimmungen seien nicht schon deshalb ausgeschlossen, weil ein Mitgliedstaat andere Schutzregelungen als ein anderer Mitgliedstaat erlassen habe.

4. Eine theoretisch hochinteressante und auch praktisch sehr relevante Frage hat das Oberlandesgericht München dem EuGH in den beiden *Soha Sahyouni* Verfahren zur Vorabentscheidung vorgelegt.[13] Das Gericht hat gefragt, ob es zur Feststellung des Verstoßes gegen die öffentliche Ordnung der *lex fori* durch eine ausländische Regelung über Privatscheidung im

---

10 Siehe EuGH, Urt. v. 14.12.1962, C-30/77; EuGH, Urt. v. 4.12.1974, C.-41/74; EuGH, Urt. v. 14.3.2000, C-54/99; EuGH, Urt. v. 14.10.2004, C-36/02.
11 Siehe EuGH, Urt. v. 14.10.2004, C-36/02, Rn. 30 und die dort angeführte Rechtsprechung des EuGH.
12 So auch EuGH, Urt. v. 14.10.2004, C-36/02, Rn. 31 und die dort angeführte Rechtsprechung des EuGH.
13 In dem ersten Verfahren (EuGH, Beschl.v. 12.5.2016, C-281/15) hat sich der Gerichtshof für die Beantwortung der vorgelegten Fragen für offensichtlich unzuständig erklärt und dies u. a. damit begründet, dass die Verordnung Nr. 1259/2010 für die Anerkennung einer in einem Drittstaat ergangenen Ehescheidung nicht gelte und dass das vorlegende Gericht keinen Anhaltspunkt dafür geliefert habe, dass die Bestimmungen dieser Verordnung nach dem nationalen Recht unmittelbar und unbedingt auf Sachverhalte wie dem im Ausgangsverfahren streitigen anwendbar seien. Er hat jedoch darauf hingewiesen, dass es dem vorlegenden Gericht unbenommen bleibe, ein neues Vorabentscheidungsersuchen vorzulegen, wenn es dem Gerichtshof Anhaltspunkte zu liefern vermöge, die ihm eine Entscheidung ermöglichten. Der EuGH hat dann die erste Frage der zweiten Vorlage beantwortet.

Rahmen der Prüfung von der speziellen ordre-public-Klausel in *Art. 10 der Rom-III*-Verordnung eine abstrakte Diskriminierung eines Ehegatten aufgrund seiner Geschlechtszugehörigkeit ausreiche oder aber zum Eingreifen der Vorbehaltsklausel auch erforderlich sei, dass die Anwendung des abstrakt diskriminierenden ausländischen Rechts auch im Einzelfall – konkret – diskriminiere?[14]

Der Generalanwalt hat für die *abstrakte Auslegung* des Art. 10 der Rom-III-Verordnung argumentiert.[15] In seinen Schlussanträgen hat er u. a. ausgeführt, dass bei Prüfung einer Verletzung des Art. 10 der Rom-III-Verordnung, anders als bei der allgemeinen Vorbehaltsklausel in Art. 12 der Rom-III-Verordnung, die ausländische Norm nach ihrem Inhalt und nicht nach ihrem Ergebnis zu testen sei. Er war der Meinung, dass Art. 10 der Rom-III-Verordnung eine international zwingende Regel sei, die der Grundrechtsnorm der Gleichbehandlung zur Geltung helfen und die schwächere Partei schützen wolle. Die nachteilige Behandlung eines Ehegatten nach seinem Geschlecht sei ein so gravierender Verstoß gegen die öffentliche Ordnung, dass eine solche diskriminierende Norm unter keinen Umständen angewandt werden könne. Deshalb könne das Durchgreifen des Art. 10 der Rom-III-Verordnung nicht von weiteren Kriterien abhängig gemacht werden. Für diese Auslegung spreche auch das Prinzip der Rechtssicherheit.

Leider hat der Gerichtshof in dieser Frage keine Stellung genommen. Er hat – dem Schlussantrag des Generalanwalts folgend – festgestellt, dass Art. 1 der Rom-III-Verordnung dahin auszulegen sei, dass eine durch einseitige Erklärung eines Ehegatten vor einem geistlichen Gericht bewirkte Ehescheidung wie die im Ausgangsverfahren streitige nicht in den sachlichen Anwendungsbereich dieser Verordnung falle. So ist die interessante Frage offengeblieben. Die Ausführungen des Generalanwalts haben aber gute Argumente für eine spätere Entscheidung.

---

14 Siehe EuGH, Urt. v. 20.12.2017, C-372/16. Vgl. dazu *A. Dutta*, Private divorces outside Rome III and Brussels II bis? The Sahyouni gap, Common Market Law Review, 2019, S. 1665; *L.-M. Möller*, Anerkennung und Wirksamkeit islamisch geprägter Eheauflösungen in Europa, Anmerkungen zu OLG München, Beschluss von 13.13.2018 – 34 Wx 146/14, den Schlussanträgen des EuGH Generalanwalts Saugmandsgaard Øe vom 14.0.2017. und EuGH Urteil vom 20.12.2017.- C-372/16 (Soha Sahyouni v. Raja Mamisch), Zeitschrift für Recht und Islam, 2017, S. 11.

15 Punkt 75 ff. der Schlussanträge. Eher für eine konkrete Auslegung dagegen *S. L. Gössl*, Open Issues in European International Family Law, Sahyouni, „Private Divorces" and Islamic law under the Rome III Regulation, The European Legal Forum, 2017, S. 74.

5. Das internationale Privatrecht des *Namensrechts* wurde in der Europäischen Union noch nicht vereinheitlicht. Die Unterschiede gar die Gegensätze sind in den mitgliedstaatlichen Namensrechten zu groß und sie erschweren eine Harmonisierung auf diesem Gebiet.[16] Deshalb kommen namensrechtliche Fragen und die Problematik des *ordre public* in der Praxis des EuGH öfters in binneneuropäischen Fällen vor.[17]

Besonders lehrreich ist der Fall *Sayn-Wittgenstein*,[18] indem das vom Unionsrecht gewährte Recht der Freizügigkeit von Personen nach Art. 21 AEUV und ein mitgliedstaatliches Gesetz im Verfassungsrang einander widerstreiten. Zur Beantwortung der vorgelegten Frage war das verfassungsrechtliche Interesse an der Entfernung der Adelsbezeichnung aus dem Namen der Beschwerdeführerin auf der einen Seite gegen das Interesse an der Erhaltung dieses Namens, der 15 Jahre lang im österreichischen Geburtenbuch eingetragen gewesen ist, auf der anderen Seite abzuwägen.

Der Gerichtshof ging aus seiner ständigen Rechtsprechung heraus und stellte fest, dass eine Beeinträchtigung der Freizügigkeit von Personen nur gerechtfertigt sei, wenn sie auf objektiven Erwägungen beruhe und in einem angemessenen Verhältnis zu dem mit dem nationalen Recht legitimerweise verfolgten Zweck stehe. Er hat akzeptiert, dass das österreichische Adelsaufhebungsgesetz vom 3. April 1919 im Kontext der österreichischen Verfassungsgeschichte Teil der nationalen Identität sei und den allgemeinen Grundsatz der Gleichheit aller österreichischen Staatsbürger vor dem Gesetz darstelle. Der EuGH stellte zudem fest, dass die Rechtfertigung, auf die sich die österreichische Regierung unter Bezugnahme auf die österreichische Verfassungssituation berufe, als Berufung auf die *öffentliche Ordnung* anzusehen sei. Mit der öffentlichen Ordnung seien objektive Erwägungen verbunden. Seiner ständigen Praxis entsprechend hat der EuGH in diesem Fall den Verstoß gegen die öffentliche Ordnung schon deshalb eng verstanden, weil er eine Ausnahme von einer Grundfreiheit rechtfertigen solle. Maßnahmen, durch die eine Grundfreiheit eingeschränkt werde, könnten nur dann durch Gründe der öffentlichen Ordnung gerechtfertigt werden, wenn sie zum Schutz der Belange, die sie gewährleisten sollen, erforderlich seien, und auch nur insoweit, wie diese Ziele nicht mit weniger einschränkenden Maßnahmen erreicht werden könnten. Selbst aufgrund

---

16 Siehe A. Dutta/T. Helms/W. Pintens (Hrsg.), Ein Name in ganz Europa – Vorschläge für ein internationales Namensrecht der Europäischen Union, Frankfurt a.M., 2016.
17 Siehe z. B. EuGH, Urt. v. 2.10.2003, C-148/02 und EuGH, Urt. v. 14.10.2008, C-353/06, EuGH, Urt. v. 22.12.2010, C-208/09 und EuGH, Urt. v. 2.6.2016, C-438/14.
18 EuGH, Urt. v. 22.12.2010, C-208/09.

dieser engen Auslegung kam der Gerichtshof zu dem Ergebnis, dass die Unionsrechtsordnung unbestreitbar darauf abziele, den Gleichheitsgrundsatz als allgemeinen Rechtsgrundsatz zu wahren. Dieser Grundsatz sei auch in Art. 20 der Charta der Grundrechte niedergelegt. Es bestehe daher kein Zweifel, dass das Ziel, den Gleichheitsgrundsatz zu wahren, mit dem Unionsrecht vereinbar sei. Ferner wies der EuGH auch darauf hin, dass die Union nach Art. 4 II EUV die nationale Identität ihrer Mitgliedstaaten achte, zu der auch die republikanische Staatsform gehöre. Dementsprechend fand es der Gerichtshof nicht unverhältnismäßig, dass ein Mitgliedstaat das Ziel der Wahrung des Gleichheitssatzes dadurch erreichen wolle, dass er seinen Angehörigen den Erwerb, den Besitz oder den Gebrauch von Adelstiteln oder von Bezeichnungen verbietet, die glauben machen könnten, dass derjenige, der den Namen führt, einen solchen Rang innehat. Vor diesem Hintergrund sei es nicht als eine Maßnahme anzusehen, die das Recht der Unionsbürger auf Freizügigkeit und freien Aufenthalt ungerechtfertigt beeinträchtige, wenn die Behörden eines Mitgliedstaats es ablehnten, einen solchen Namen zu führen.

Nach der Abwägung der gegenüberstehenden Gesichtspunkte sprach sich der Gerichtshof im konkreten Fall für den Vorrang der verfassungsrechtlichen Gesichtspunkte aus und entschied wie folgt: „Art. 21 AEUV ist dahin auszulegen, dass er es den Behörden eines Mitgliedstaats nicht verwehrt, unter Umständen wie denen des Ausgangsverfahrens die Anerkennung des Nachnamens eines Angehörigen dieses Staates in allen seinen Bestandteilen, wie er in einem zweiten Mitgliedstaat, in dem dieser Staatsangehörige wohnt, bei seiner Adoption als Erwachsener durch einen Staatsangehörigen dieses zweiten Staates bestimmt wurde, abzulehnen, wenn dieser Nachname einen Adelstitel enthält, der im ersten Mitgliedstaat aus verfassungsrechtlichen Gründen unzulässig ist, sofern die in diesem Zusammenhang von diesen Behörden ergriffenen Maßnahmen aus Gründen der öffentlichen Ordnung gerechtfertigt sind, d. h. zum Schutz der Belange, die sie gewährleisten sollen, erforderlich sind und in einem angemessenen Verhältnis zu dem legitimerweise verfolgten Zweck stehen."

D. Berücksichtigung der Eingriffsnormen des Erfüllungsorts

1. Bei privatrechtlichen Sachverhalten mit einem Auslandsbezug können im Regelfall die Regeln zweier Rechtsordnungen, nämlich die des angerufenen

Gerichts (*lex fori*) und die des für anwendbar erklärten ausländischen Rechts (*lex causae*) Anwendung finden. Das allein ist schon eine beachtliche Aufgabe für die Gerichte. Wie *Raape* hinsichtlich der Frage der Qualifikation behauptete, „[...] nichts ist schwerer, als ein Richter in mehreren Welten zu sein".[19] *Wengler* hat bereits in seinem bahnbrechenden Aufsatz von 1941 darauf hingewiesen, dass in bestimmten Situationen auch Eingriffsnormen eines anderen (dritten) Staates Wirkung verliehen werden solle.[20] Seine Gedanken wurden in *Art. 7 I EVÜ* für das Vertragsrecht in Form einer generellen Sonderanknüpfung aufgegriffen.[21] Nach dieser Vorschrift kann bei Anwendung der *lex causae* den international zwingenden Bestimmungen eines Drittstaates Wirkung verliehen werden, wenn der Sachverhalt mit diesem Staat enge Verbindung aufweist. Als solche drittstaatliche Eingriffsnormen[22] können ggf. die Ein- und Ausfuhrverbote, Embargo-Vorschriften, Verbringungsverbote, Devisenkontrollen, Verbraucherschutzregeln und andere international zwingenden Normen von besonderem wirtschafts- und sozialpolitischem Inhalt infrage kommen. Bei der Sonderanknüpfung solcher Normen ist auch der Inlandsbezug zu prüfen. Ausgeschlossen sind Normen die der Wertordnung des Forumstaates widersprechen. Das EVÜ (nach Art. 7 II) berührt nicht die Anwendung der Eingriffsnormen der *lex fori*.

Der EuGH hatte Art. 7 II EVÜ in dem Fall *Unamar* auszulegen.[23] In diesem Fall hat der Hof van Cassatie (Belgien) dem Gerichtshof die Frage

---

19 L. *Raape* in: Staudinger Kommentar zum BGB und EGBGB. VI. Band, 2. Teil (Art. 7–31.). München/Berlin/Leipzig 1931, S. 20.
20 W. *Wengler*, Die Anknüpfung des zwingenden Schuldrechts im internationalen Privatrecht, ZvglRW 54 (1941), S. 168. Zu dieser Problematik zusammenfasend in der neuen Literatur siehe T. *Szabados,* Economic Sanctions in EU Private International Law, Oxford et al. 2019.
21 Art. 7 I EVÜ heißt wortwörtlich: „Bei Anwendung des Rechts eines bestimmten Staates auf Grund dieses Übereinkommens kann den zwingenden Bestimmungen des Rechts eines anderen Staates, mit dem der Sachverhalt eine enge Verbindung aufweist, Wirkung verliehen werden, soweit diese Bestimmungen nach dem Recht des letztgenannten Staates ohne Rücksicht darauf anzuwenden sind, welchem Recht der Vertrag unterliegt. Bei der Entscheidung, ob diesen zwingenden Bestimmungen Wirkung zu verleihen ist, sind ihre Natur und ihr Gegenstand sowie die Folgen zu berücksichtigen, die sich aus ihrer Anwendung oder ihrer Nichtanwendung ergeben würden." Siehe dazu M. *Giuliano/P. Lagarde,* Report on the Convention on the law applicable to contractual obligations, Official Journal of the European Communities 1980, C 282/02. Abrufbar unter: https://bit.ly/3aB25y3.
22 Overriding mandatory provisions, règles d'application immédiate.
23 EuGH, Urt. v. 17.10.2013, C-184/12.

zur Vorabentscheidung vorgelegt, ob die Eingriffsnormen in der *lex fori* hinsichtlich des Handelsvertretervertrages anzuwenden seien, auch wenn in dem von den Parteien gewählten Recht eines Mitgliedstaates (*lex causae*) der in der Richtlinie 86/653/EWG über den selbständigen Handelsvertreter zwingend vorgeschriebene Mindestschutz gewährt sei. Der EuGH hat in seinem Urteil die Frage positiv beantwortet. Seine Antwort hat er u. a. damit begründet, dass Art. 7 II EVÜ im Gegensatz zum Art. 7 I EVÜ keine weitere Bedingungen für die Anwendung der Eingriffsnormen der *lex fori* vorschreibt. Der Gerichtshof hat jedoch auch darauf hingewiesen, dass das gewählte Recht, mit seinen zwingenden Vorschriften aus der korrekt umgesetzten Richtlinie, gegenüber den Eingriffsnormen der *lex fori* nur dann unangewendet gelassen werden könnten, wenn das angerufene Gericht „substantiiert feststellt", dass der Gesetzgeber „es im Rahmen der Umsetzung der [...] Richtlinie für unerlässlich erachtet hat, den Handelsvertretern [...] einen Schutz zu gewähren, der über den in der genannten Richtlinie vorgesehenen hinausgeht, und dabei die Natur und den Gegenstand dieser zwingenden Vorschriften berücksichtigt".[24]

2. Art. 9 III der Rom-I-Verordnung hat die Regelung des EVÜ auf die Eingriffsnormen des Staates des Erfüllungsorts beschränkt und präzisiert.[25] Diese Lösung ist ein gelungener Kompromiss, weil die allermeisten zu berücksichtigenden Eingriffsnormen sowieso die Erfüllung des Vertrags betreffen.

Es können jedoch auch Eingriffsnormen anderer Rechtsordnungen in Betracht kommen.[26] Eine solche Frage hatte der EuGH in dem Fall *Nikiforidis* zu beantworten.[27] In diesem Rechtsstreit ging es um einen in Nürnberg zu erfüllenden Arbeitsvertrag eines griechischen Staatsangehörigen. Herr Grigorios Nikiforidis war als Lehrer an der Griechischen Volksschule

---

24 Genauso formuliert der Gerichtshof in EuGH, Urt. v. 31.1.2019, C-149/18.
25 Art. 9 III Rom I heißt wortwörtlich: „Den Eingriffsnormen des Staates, in dem die durch den Vertrag begründeten Verpflichtungen erfüllt werden sollen oder erfüllt worden sind, kann Wirkung verliehen werden, soweit diese Eingriffsnormen die Erfüllung des Vertrags unrechtmäßig werden lassen. Bei der Entscheidung, ob diesen Eingriffsnormen Wirkung zu verleihen ist, werden Art und Zweck dieser Normen sowie die Folgen berücksichtigt, die sich aus ihrer Anwendung oder Nichtanwendung ergeben würden." Siehe dazu *A. Briggs*: When in Rome, Choose as the Romans Choose, Law Quarterly Review 125 (2009), S. 191.
26 Aus diesem Grund hat das neue ungarische IPR Gesetz von 2017 (§ 13 Abs. 2) seine Norm über Berücksichtigung ausländischer Eingriffsnormen breiter formuliert, etwa wie in Art. 7 I EVÜ.
27 EuGH, Urt. v. 18.10.2016, C-135/15.

in Nürnberg, an einer von der griechischen Regierung finanzierten Lehranstalt angestellt. Gegenstand des Rechtsstreits war die Kürzung des Bruttogehalts von Herrn Nikiforidis nach dem Erlass zweier Gesetze durch die Regierung Griechenland, mit denen sie eine Reduzierung des Hauhaltdefizits erreichen wollte. Das vorlegende deutsche Bundesarbeitsgericht hat u. a. gefragt, ob nach Art. 9 III der Rom-I-Verordnung nur die Eingriffsnormen des Staates des angerufenen Gerichts (*lex fori*) und die des Staates der Vertragserfüllung angewandt werden könnten, oder ob weiterhin Eingriffsnormen eines anderen Mitgliedstaates unmittelbar oder mittelbar berücksichtigt werden dürften. Der Gerichthof war der Meinung, dass Art. 9 III der Rom-I-Verordnung eine Ausnahmeregel und deshalb eng auszulegen sei. Daraus folge, dass diese Norm nicht erlaube andere Eingriffsnormen als die der *lex fori* und die des Erfüllungsortes als Rechtsvorschriften anzuwenden. Art. 9 III der Rom-I-Verordnung verbiete jedoch nicht, dass das angerufene Gericht solche andere Eingriffsnormen als tatsächliche Umstände berücksichtige, soweit das anzuwendende materielle Recht (die *lex causae*) dies vorsähe. Der EuGH hat zu seiner Meinung noch hinzugefügt, dass diese Auslegung mit dem in Art. 4 Abs. 3 EVU niedergelegten Grundsatz der loyalen Zusammenarbeit vereinbar sei.

E. Fazit

Insgesamt kann man feststellen, dass der EuGH mit seinen Vorabentscheidungen zu der einheitlichen Auslegung der internationalprivatrechtlichen Verordnungen wesentlich beiträgt. Zudem helfen seine Urteile die Anwendungsgrenzen dieser Regelungen genauer festzulegen. Bei der Auslegung der Regel in den Verordnungen berücksichtigt der Gerichtshof nicht nur den genauen Wortlaut der Vorschriften, sondern auch die allgemeine Systematik sowie sämtliche Umstände, unter denen die Vorschriften erlassen wurden. Eine besondere Rolle spielt in der Praxis des Gerichts die teleologische Interpretation. Man kann allerdings oft die rechtsdogmatisch präzise Ausarbeitung der Urteile bemängeln. Sie sind einseitig ergebnisorientiert und vernachlässigen die ausgewogene Argumentation.[28] Die echten kollisi-

---

28 Hinsichtlich des Mahnkopf-Urteils (EuGH, Urt. v. 1.3.2018, C-558/16) siehe die Kritik in diesem Sinne bei *P. Mankowski* in: Astrid Deixler-Hübner/Martin Schauer (Hrsg.), Kommentar zur EU-Erbrechtsverordnung, 2. Auflage, Wien/Baden-Baden 2020, Art. 1 EuErbVO; *H. Dörner*, Erbrechtliche Qualifikation des § 1371 Abs. 1 durch

onsrechtlichen Feinheiten, wie die nötige Erörterung der Qualifikationsfrage, werden sogar nicht selten völlig außer Acht gelassen.[29] Diese Schwächen sind auch dann kritisch zu erwähnen, wenn man der wesentlichen Aussage des Urteils zustimmen kann.

---

den EuGH: Konsequenzen und neue Fragen. Zeitschrift für Erbrecht und Vermögensnachfolge (ZEV) 2018, S. 305; *K. Thorn/K. Varón Romero,* Die Qualifikation des pauschalierten Zugewinnausgleichs im Todesfall gemäß § 1371 Abs. 1 BGB nach der EuErbVO, IPRax 2020, S. 316 (318).
29 Wie beispielsweise im Kubicka-Urteil (EuGH, Urt. v. 12.10.2017, C-218/16.). Siehe dazu *A. Dutta* in: Jan von Hein (red.), Münchener Kommentar zum Bürgerlichen Gesetzbuch, Band 11, 7. Aufl., München 2018, Rn. 20–22, Rn. 47., vgl. auch *H.-P. Mansel,* in: A.-L. Calvo Caracava/A. Davi/H.-P. Mansel (Hrsg.), The EU Succession Regulation – A Commentary, Cambridge 2016, Rn. 72, 82.

Rapport de Synthèse mit Ausblicken:
Zur Finalität der Europäischen Union: Zweckverband und Gesellschaftszweck in der Judikatur des EuGH – Das zielgebundene transnationale Gemeinwesen

Peter-Christian Müller-Graff

„Rapport de Synthèse mit Ausblicken. Zur Finalität der Europäischen Union. Zweckverband und Gesellschaftszweck in der Judikatur des EuGH":[1] Zu diesem von den Organisatoren des Kolloquiums geschenkweise zum diesjährigen Jahrestag der Schuman-Erklärung vorgegebenen und mir zum Resümee aufgetragenen *Thema* sind wir in Heidelbergs Alter Universitätsaula aus nah und fern zusammengekommen – aus der Nord-Süd-Weitläufigkeit von Norwegen bis Griechenland, aus der West-Ost-Reichweite von fünf der sechs Gründerstaaten bis Ungarn, aus der Spannweite von drei der vier traditionellen Gemeinschaftsorgane (einschließlich des Gerichtshofs der Europäischen Union in Person u.a. seines ehem. Präsidenten) bis zu inländischen Hoheitsträgern (einschließlich des Bundesverfassungsgerichts in Person seines Präsidenten), aus der Weltläufigkeit von Universitäten und Kanzleien. Das Thema hat die Beteiligten auf je eigene Weise inspiriert. Hervorzuheben ist: Von „Finalität" im Sinne „finis unionis" war nicht die Rede. Vernünftigerweise. Denn welcher Mitgliedstaat und welcher EWR-EFTA-Staat wäre ohne die Union in einer besseren Lage? Im Zwiebelkern ging es um die Frage, inwieweit sich die rechtliche, darunter namentlich die judikative Entwicklung auf der Spur des Gesellschaftszwecks der Union und deren Kompetenzen bewegt, im Kerninneren mithin um den Zweckgedanken der Unionsintegration sowie inzident um die Frage, ob dieser auf eine „finale" Organisationsform zielt.

Ein Rapport de Synthèse versucht, das Behandelte strukturiert zu akzentuieren und wertend zu gewichten. Ausblicke dürfen auf Grundlage des Behandelten darüber hinausgehen. Beides ist hier zu skizzieren. Gewiss

---

1 Verschriftlichte und mit einigen kursorischen Nachweisen versehene Fassung des „Rapport de Synthèse mit Ausblicken" zum Kolloquium „Zur Finalität der Europäischen Union. Zweckverband und Gesellschaftszweck in der Judikatur des EuGH" am 9. Mai 2022 in der Alten Aula der Ruprecht-Karls-Universität Heidelberg.

lässt die heutige Leitfrage Raum für unterschiedlichste Assoziationen. Vielleicht lassen sich diese jedoch in vier Fragengruppen ordnen. Erstens: Was *beinhaltet* der vom Kolloquiumstitel angesprochene Gedanke des *Gesellschaftszwecks* in der europäischen Integration und wie verhält er sich zu *Hans Peter Ipsens* Zweckverbandslehre? Zweitens: Welcher Gesellschaftszweck ist für die Union *normativ*, also ideal-konzeptionell maßgeblich? Drittens: Bewegen sich der EuGH und die rechtspolitischen *Integrationsentwicklungen* auf dieser kompetenziell unterlegten Zielspur? Viertens: Bedarf es der *Modifikation* oder *Überwindung* des Zieldenkens in der Unionsintegration?

A. Zur Frage nach dem Inhalt des Gedankens des Gesellschaftszwecks in der europäischen Integration

Zum Inhalt des Gedankens des Gesellschaftszwecks in der europäischen Integration wurde deutlich, dass damit *nicht* primär eine *sozialempirisch* verstandene, sich im Sinne von *Jean-Jacques Rousseaus* „contrat social" verpflichtet wissende[2] oder im Sinne von *Ferdinand Tönnies* bestehende[3] „Gesellschaft" angesprochen wird – und auch nicht „eine" normativ von Art. 2 S. 1 EUV ausdrücklich angestrebte „Gesellschaft", die sich (im Rahmen der Gemeinsamkeit der Unionswerte[4] in allen Mitgliedstaaten) nach dem Vertragswortlaut „durch Pluralismus, Nichtdiskriminierung, Toleranz, Gerechtigkeit, Solidarität und die Gleichheit von Männer und Frauen auszeichnet." Mit dem Gedanken des Gesellschaftszwecks ist *vielmehr* zunächst die *gesellschaftsrechtlich assoziative Chiffre für einen Verband* als einem auf die Verfolgung eines gemeinsamen Zwecks (oder gemeinsamen Zielbündels) gerichteten volitiven Zusammenwirken gemeint.[5] Für die Europäische Union hervorgehoben wird damit der Gesichtspunkt des vertraglich vereinbarten Zusammenwirkens der Staaten zur Förderung des Friedens, der Werte

---

2 *Jean-Jacques Rousseau*, Du contrat social ou principes du droit politique, 1762.
3 *Ferdinand Tönnies*, Gemeinschaft und Gesellschaft, 1887.
4 Gemäß Art. 2 S.1 EUV: „die Achtung der Menschenwürde, Freiheit, Demokratie, Gleichheit, Rechtsstaatlichkeit und die Wahrung der Menschenrechte einschließlich der Rechte der Personen, die Minderheiten angehören".
5 Vgl. dazu beispielhaft die Definition des bürgerlich-rechtlichen Gesellschaftsvertrags in § 705 BGB: "Durch den Gesellschaftsvertrag verpflichten sich die Gesellschafter gegenseitig, die Erreichung eines gemeinsamen Zwecks in der durch den Vertrag bestimmten Weise zu fördern, insbesondere die vereinbarten Beiträge zu leisten."

und des Wohlergehens der Völker der Union (Art. 3 Abs. 1 EUV) sowie der dazu vereinbarten vier operativen Hauptziele (Art. 3 Abs. 2–5 EUV); darunter (in Nutzung des in Rechtsnachfolge zur EWG umfassten operativ basisbildenden marktintegrativen Verbandszwecks[6] der Union) die mittels der binnenmarktlich-grenzüberschreitenden Marktzugangsgrundfreiheiten ermöglichte privatinitiativ transnationale wirtschaftliche und soziale Verflechtungswirkung der Eigeninteressen natürlicher und juristischer Personen (genauer: von Verkäufern und Käufern, Dienstleistungserbringern und Dienstleistungsempfängern, Arbeitnehmern und Arbeitgebern, Selbstständigen und rechtlich konfigurierten Marktakteuren, Gesellschaftsgründern und Gesellschaftsumwandlern, Kapitalgebern und Kreditnehmern)[7] – rechtlich verfestigt mittels privatrechtlicher Verträge, die meist einer der 27 im Grundsatz gleichwertigen nationalen Privatrechtsordnungen im Rahmen des Gemeinschaftsprivatrechts[8] unterliegen (*Lajos Vékás, René Repasi, Friedemann Kainer*). Lehrt man Unionsrecht und Gesellschaftsrecht parallel, bleiben vergleichende *synaptische Übersprünge* nicht aus – und naturgemäß ebenso wenig das Bewusstwerden der Unterschiede. Das vielgliedrig ausgefaltete und erfahrungsreiche Gesellschaftsrecht kann unter dem Gesichtspunkt formübergreifender struktureller Verbandsfragen[9] als heuristische Inspirationsquelle in Fragen des Verbandsrechts der EU dienen. Aus der heutigen Zusammenkunft lassen sich dazu fünf Punkte hervorheben.

I. Erstens sprang vordergründig begrifflich der Erklärungsansatz der Europäischen Gemeinschaften durch *Hans Peter Ipsen* als Zweckverbände funktioneller Integration ins Auge. *Ipsen* umschrieb deren Funktion als

---

6 Grundlegend EuGH, Rs.26/62, Urteil v. 5. Februar 1963, ECLI:EU:C:1963:1 (Van Gend & Loos): „Das Ziel des EWG-Vertrages ist die Schaffung eines gemeinsamen Marktes, dessen Funktionieren die der Gemeinschaft angehörigen Einzelnen unmittelbar betrifft".

7 *Peter-Christian Müller-Graff*, Extending Private Autonomy Across Borders, in: Stefan Grundmann/Wolfgang Kerber/Stephen Weatherill (eds.), Party Autonomy and the Role of Information in the Internal Market, 2001, S. 133 ff.

8 *Peter-Christian Müller-Graff*, Privatrecht und europäisches Gemeinschaftsrecht, in: Peter-Christian Müller-Graff/Manfred Zuleeg (Hrsg.), Staat und Wirtschaft in der EG, 1987, S. 17, 37 ff. (= ders.,Privatrecht und Europäisches Gemeinschaftsrecht – Gemeinschaftsprivatrecht, 2. Aufl., 1991, S. 27ff.; ders., Allgemeines Gemeinschaftsprivatrecht („Unionsprivatrecht"), in: Martin Gebauer/Christoph Teichmann (Hrsg.), Europäisches Privat- und Unternehmensrecht (Enzyklopädie Europarecht, Band 6), 2. Aufl., 2022, § 2.

9 Dazu im Gesellschaftsrecht grundlegend *Karsten Schmidt*, Gesellschaftsrecht, 4. Aufl., 2002, S. 52ff., 57ff.

„Nicht-Totalität ihres Wirkungskreises",[10] aber Wahrnehmung „ausgesonderter" „einzelner Bereiche an sich staatlicher Gesamtverantwortung zur zweckverbandlichen Gemeinschaftserledigung"[11] innerhalb der Wirkungsweise des (grundbildenden) Gemeinsamen Marktes.[12] Hierin scheint aus privatrechtlicher Sicht eine Parallele zum personengesellschaftsvertraglichen Gedanken des gemeinsamen Zwecks[13] oder zum Gedanken des überindividuellen Verbandszwecks[14] auf. *Ipsens* Terminologie lässt sich jedoch im Licht von *Wolfgang Kahls* gründlicher ideengeschichtlicher Analyse bis zu *Hartmut Bülck* vor allem als Abgrenzung gegen staatliche und klassisch-völkerrechtliche Denkmuster verstehen. Sie dürfte sich mit *Konrad Zweigert* auch als „Abwehr"begriff gegen einen entelechetischen Zulauf „auf eine europäische Föderalverfassung überlieferter Staatlichkeit"[15] deuten lassen – mithin als „„offene Ordnung" ohne gesamtpolitische Fernziele".[16] Wirkte *Ipsens* derart interpretierte Wortwahl für die „hochbehördliche" Montanunion in deren Begrenzung auf die „administrative" (wiewohl profund politisch begründete) Kontrolle des Kohle- und Stahlsektors vielleicht noch passfähig, so verblasste ihre Abwehrkraft gegen „politische" Ausdehnungen allerdings schon mit der Integrationsweitung auf die Gewährleistung eines umfassenden gemeinsamen Marktraums (EWG) mit dessen sachinhärentem politikforderndem Regulierungsbedarf und des dadurch die klare Teilfunktionalität umfangreich überschreitenden (*Ulrich Everling*[17]) und

---

10 *Hans Peter Ipsen*, Europäisches Gemeinschaftsrecht, 1972, S. 197.
11 *Hans Peter Ipsen*, a.a.O. (Fn. 10), S. 199.
12 *Hans Peter Ipsen*, a.a.O. (Fn. 10), S. 199.
13 Vgl. dazu das Textzitat des § 705 BGB a.a.O. (Fn. 5).
14 Zum "überindividuellen Verbandszweck" als konstituierendes Verbandselement auch bei den als juristische Personen ausgestalteten Gesellschaften *Karsten Schmidt*, a.a.O. (Fn. 9), S. 61f.
15 *Konrad Zweigert*, Das große Werk Ipsens über Europäisches Gemeinschaftsrecht, EuR 1972, 308 (319).
16 *Konrad Zweigert*, a.a.O. (Fn. 15), 320. Diese Deutung übernimmt *Jörg Philipp Terhechte*, Kontinuität und Innovation in der frühen deutschen Rechtswissenschaft. Hans Peter Ipsens „Europäisches Gemeinschaftsrecht" nach 50 Jahren, JZ 2022, 1121, 1125 Fn. 68, 1126 (Ausblendung einer „allzu politisch-konstitutionalistische(n) Lesart des Gemeinschaftsrechts"), 1127f. („steriler Schlüsselbegriff", weil "apolitisch": „eine recht kühle Veranstaltung, eine Zweckgemeinschaft zur Funktionssicherung des Gemeinsamen Marktes"); er leitet allerdings aus der Gliederung von *Ipsens* Werk zugleich ab, dass sich *Ipsen* politisch-konstitutionalistischen "Narrativen" "nicht vollkommen entziehen konnte" (1126).
17 *Ulrich Everling*, Vom Zweckverband zur Europäischen Union – Überlegungen zur Struktur der Europäischen Gemeinschaft –, in: Rolf Stödter/Werner Thieme (Hrsg.), Hamburg – Deutschland – Europa. Festschrift für Hans Peter Ipsen, 1977, S. 595 ff.,

föderale Fragen aufwerfenden[18] gemeinsamen Politik-und Werteraums. Der Gedanke des (auf den Zielartikel des Unionsvertrages – Art. 3 EUV – bezogenen) „Gesellschaftszwecks" in der europäischen Integration ist daher von *Ipsens* Zweckverbandsbegriff (in seiner *Zweigertschen* Deutung) zu unterscheiden.

II. Zweitens wurde im Kolloquium die quantenspringende *doppelte normstrukturelle Besonderheit* der Gemeinschaften und heutigen Union gegenüber herkömmlichen internationalen Verbindungen zur gemeinsamen Zweckverfolgung profiliert: *zum einen* die Delegation der prioritären integrativen Zweckdynamik auf die grenzüberschreitend verbindenden Kräfte der Privatinitiative[19] (verstanden als die stärkste innere Antriebs- und Haftkraft der Union aus Sicht des Schriftstellers *Hans Magnus Enzensberger*[20]); und dies *zum anderen* in dem vom Prinzip der begrenzten Einzelermächtigung(heute Art. 5 Abs. 2 EUV) abgesteckten Rahmen zweckfördernder *Hoheits*zuständigkeiten des internationalen Verbandes, dem insbesondere zur Vermeidung von Marktzugangshindernissen und Wettbewerbsverzerrungen eine starke, marktfunktional begründete modernisierende Legislativkraft verliehen ist[21] (jüngst etwa sichtbar in der binnenmarktrechtlichen Verordnung über digitale Dienste[22]). Wie im Gesellschaftsrecht haben sich die Organe dabei innerhalb des Verbandszwecks zu halten, wenn auch Art und Inhalt dieser Verpflichtung sich gesellschaftsrechtlich und unionsrecht-

---

600 ff., 605 mit daran anschließender Kritik an der fehlenden "Hinterfragung" der „legitimierenden geistigen Zusammenhänge" des Zweckverbandsbegriffs durch *Ipsen* im Vergleich zur Nutzung der Zweckverbandsformel durch *Rudolf Smend* für das Deutsche Reich von 1871 (S. 608).

18 *Ulrich Everling*, a.a.O. (Fn. 17), S. 606 f.; s. auch *Peter-Christian Müller-Graff*, The German Länder: Involvement in EC/EU Law and Policy Making, in: Stephen Weatherill/Ulf Bernitz (eds.), The Role of Regions and Sub-National Actors in Europe, 2005, S. 103, 105.

19 *Peter-Christian Müller-Graff*, a.a.O. (Fn. 7).

20 *Hans Magnus Enzensberger*, Sanftes Monster Europa, 2011, S. 67. Zum indirekten Einfluss von Interessengruppen auf die internationale Integration im Rahmen der neofunktionalen Integrationslehre *Ernst B. Haas*, The Uniting of Europe, 1958.

21 Namentlich Art. 114 AEUV; dazu *Peter-Christian Müller-Graff*, Die Rechtsangleichung zur Verwirklichung des Binnenmarkts, EuR 1989, 107ff.

22 Verordnung (EU) 2022/2065 des Europäischen Parlaments und des Rates v. 19. Oktober 2022 über einen Binnenmarkt für digitale Dienste und zur Änderung der Richtlinie 2000/31/EG (Gesetz über digitale Dienste), ABl.EU 2022 L 277/1.

lich sehr unterschiedlich und differenziert darstellen[23] und die Erfassung und Lösung eines „ultra vires"-Handelns unterschiedlichen Lösungsmustern folgt.[24]

III. Drittens trat im Kolloquium das aus Zielorientierung und Kompetenzbegrenzung der Union sich ergebende Erfordernis hervor, dieses Integrationskonzept mit der mitgliedstaatlichen Verpflichtung zur Zielförderung oder Unionstreue zu unterfüttern (heute Art. 4 Abs. 3 EUV) (*Vassilios Skouris, Claus Peter Clostermeyer*) – gedanklich parallelisierbar zur personengesellschaftsrechtlichen Zweckförderungspflicht (§ 705 BGB) und der daraus abzuleitenden Treupflicht.[25] Der heute vertraglich so benannte Grundsatz der loyalen Zusammenarbeit ist Quelle der von der Rechtsprechung des EuGH feinnervig entfalteten mitgliedstaatlichen Folgepflichten wie beispielsweise der Pflichten zur primärrechtskonformen Auslegung mitgliedstaatlichen Rechts,[26] zur Anwendung des Äquivalenz- und Effektivitätsgrundsatzes[27] und zum Exekutiveinsatz des mitgliedstaatlichen Gewaltmonopols zur Durchsetzung des Unionsrechts (so etwa zum Schutz des Vertriebs spanischer Erdbeeren in Frankreich gegen gewalttätige Behinderungen durch eine private Gruppe französischer Landwirte[28]).

IV. Viertens wurde deutlich, dass in der inländischen Anerkennung von Hoheitsakten eines außerstaatlichen Akteurs nicht nur ein legislativer

---

23 Vgl. zum Gesellschaftsrecht *Karsten Schmidt*, a.a.O. (Fn. 9), S. 61 ff., 65; 424 ff., 690 ff., 815 ff., 826 ff.; zum Unionsrecht namentlich Art. 5 Abs. 2 EUV und Art. 13 Abs. 1 und 2 EUV.
24 Zum Gesellschaftsrecht z.B. *Karsten Schmidt*, a.a.O. (Fn. 9), S. 214 ff.; *Tilman von Gumpert*, Rechtsfolgen einer Überschreitung des Unternehmensgegenstands im Gemeinschaftsprivatrecht, 2002; zum Unionsrecht vgl. Art. 263, 267, 277 AEUV.
25 Dazu *Karsten Schmidt*, a.a.O. (Fn. 9), S. 587 ff.
26 EuGH, Rs. C-165/91, Urteil v. 5. Oktober 1994, ECLI:EU:C:1994:359, Rn.32–35 (Van Munster); EuGH, Rs. C-262/97, Urteil v. 26. September 2000, ECLI:EU:C:2000:492, Rn. 38–40; *Stefan Leible/Ronny Domröse*, Die primärrechtskonforme Auslegung, in: Karl Riesenhuber (Hrsg.), Europäische Methodenlehre, 4. Aufl., 2021, § 8 Rn. 44. Ursprünglich stützte der EuGH auf Art. 5 EWGV (heute Art. 4 Abs. 3 EUV) auch das Gebot der richtlinienkonformen Auslegung mitgliedstaatlichen Rechts (vgl. EuGH, Rs. 14/83, Urteil v. 10. April 1984, ECLI:EU:C:1984:153, Rn. 26 (von Colson und Kamann)), das sich allerdings richtigerweise bereits aus der Zielverbindlichkeit der Richtlinie ergibt (heute: Art. 288 Abs. 3 AEUV).
27 Für den Äquivalenzgrundsatz beginnend mit EuGH, Rs. 33/76, Urteil v. 16. Dezember 1976 ECLI:EU:C:1976/188, Rn.5 f. (Rewe-Zentralfinanz); verbunden mit dem Effektivitätsgrundsatz z. B. in EuGH, verb. Rs. C-6/90 und C-9/90, Urteil v. 19. November 1991, ECLI:EU:C:1991:428, Rn. 43 (Francovich u.a.).
28 EuGH, Rs. C-265/95, Urteil v. 9. Dezember 1997, ECLI:EU:C:1997:595, Rn. 32, 56, 66 (Kommission/Frankreich).

und administrativer Quantensprung im Recht internationaler Beziehungen liegt. Sie beinhaltet mit der Einsetzung einer *gemeinsamen Gerichtsbarkeit* u.a. zur einheitlichen Auslegung des Marktintegrationsrechts (und darin zur Vermeidung von Wettbewerbsverzerrungen) in Verbindung mit dem Rechtsschutzbedarf der binnenmarktlich privatinitiativ Teilnehmenden und mit dem Gebot der Rechtsstaatlichkeit im gemeinsamen Wettbewerbsraum (*Hans Petter Graver, Julia Lübke, Ekkehart Reimer, Lajos Vékás, René Repasi, Friedemann Kainer*) insoweit eine sachbegründet starke *Rolle der dritten Gewalt* im unionalen und nationalen Gesamtgefüge der drei Hoheitsfunktionen. Diese Rolle ist Folge mehrerer Faktoren, darunter namentlich judikativ-spezifisch zum einen der (der Unionsjudikative kompetenziell zukommenden) klassischen Auslegungsmethoden[29] (*Christian Baldus*) und des hierbei (infolge der verschiedenen, aber gleichrangig verbindlichen Sprachfassungen des Unionsrechts[30]) oft unvermeidlichen Rückgriffserfordernisses auf die teleologische, mithin zielorientierte Auslegung[31] (*Lajos Vékás*); und zum anderen der den nationalen Gerichten unionsrechtlich zukommenden Aufgabe, dazu geeignetes Unionsrecht unmittelbar (*Van Gend & Loos*[32]) und mit Vorrang gegenüber entgegenstehendem nationalen Recht (*Costa / E.N.E.L.*[33]) jedweder Art (auch Verfassungsrecht[34] – vorbehaltlich des Art. 4 Abs. 2 EUV[35]) anzuwenden. Man darf annehmen, dass die judikative Kärrnerarbeit des EuGH – jenseits seiner höchst sparsamen ausdrücklichen Bezugnahme auf die Vertragsformel „der immer engeren Union der Völker Europas" in Art. 1 Abs. 2 EUV (*Vassilios Skouris, Dominik*

---

29 *Karl Riesenhuber*, Die Auslegung, in: Karl Riesenhuber, a.a.O. (Fn. 25), § 10 Rn. 12 ff.; s. auch *Matthias Pechstein/Carola Drechsler*, Die Auslegung und Fortbildung des Primärrechts, ebda., § 7 Rn. 13 ff.; zu Problemen der Auslegungsmethoden *Christian Baldus/Thomas Raff*, Richterliche Interpretation des Unionsrechts, in: Martin Gebauer/Christoph Teichmann (Hrsg.), Europäisches Privat- und Unternehmensrecht (Enzyklopädie Europarecht, Band 6), 2.Aufl., 2022, § 3 Rn.5 f.
30 Art. 55 EUV, Art. 358 AEUV; dazu *Friederike Zedler*, Mehrsprachigkeit und Methode. Der Umgang mit dem sprachlichen Egalitätsprinzip im Unionsrecht, 2016; *Christian Baldus/Thomas Raff*, a.a.O. (Fn. 29), § 3 Rn. 96 ff.
31 *Karl Riesenhuber*, a.a.O. (Fn. 26), § 10 Rn. 41 ff.
32 EuGH, Rs. 26/62, Urteil v. 5. Februar 1963, ECLI:EU:C:1963:1 (Van Gend & Loos).
33 EuGH, Rs.6/64, Urteil v. 15. Juli 1964, ECLI:EU:C:1964:66 (Costa./.E.N.E.L.).
34 Vgl. z. B. EuGH, Urteil v. 8. September 2010, ECLI:EU:C:2010:503 Rn. 60 f. (Winner Wetten).
35 *Peter-Christian Müller-Graff*, Binnenmarktrecht vor mitgliedstaatlichen Gerichten, in: Stefan J. Geibel/Christian Heinze/Dirk A. Verse (Hrsg.), Binnenmarktrecht als Mehrebenensystem (Heidelberger Schriften zum Wirtschaftsrecht und Europarecht Band 100), 2023, S. 11, 41.

Braun, Ute Mager) – das Alltagsnormverständnis der Unionsbürger (z.B. zum Gewährleistungsrecht,[36] Distanzkauf[37] und Datenschutz[38]) im Sinne einer „immer engeren Union" des normativen Denkens formt.

Zur Sprache kam, dass ein traditionelles Staatsverständnis sich mit dieser zwischen den Mitgliedstaaten vereinbarten Rolle des gemeinsamen Gerichts teils schwertut, so wie es sich namentlich in der vagabundierenden abstrakten These vertragsändernder judikativer Kompetenzerweiterungen zugunsten der Union spiegelt.[39] Zweifelnd wurde gegenüber derartigem Soupçon angemerkt, ob oder inwieweit er von präziser Methodenanalyse konkret benennbarer Entscheidungen gedeckt wird.

Davon unabhängig wurde es nicht als zweckwidrig, sondern im Gegenteil als im Sinne des vereinbarten Integrationsprogramms und im Interesse der Bürgerschaft liegend beurteilt, wenn die (erhoffte) Vernunft von *Richtern* auf europäischer und mitgliedstaatlicher Ebene Ergebnisse legislativen Mehrheitseifers in Mitgliedstaaten auf deren unionsrechtskonforme Rationalität überprüft (z.B. ein Mindestalkoholerfordernis für Fruchtsaftliköre[40]).

Eine Ähnlichkeit zum Gesellschaftsrecht zeigt sich im unionsrechtlichen Rechtsschutz darin, dass dieser auch mit der Möglichkeit einer Art *actio pro socio*[41] eines mitgliedstaatlichen „Gesellschafters" im Dienste wechselseitiger unionsrechtlicher Verpflichtungen erfolgen kann. Dies ermöglicht Art. 259 AEUV: derart genutzt beispielsweise im Falle der seinerzeit geplanten deutschen *Maut*, in dem nach dem Verzicht der Kommission auf eine Verfolgung dieser Vertragsverletzung (Waren- und Dienstleistungsfreiheit) Österreich den EuGH (erfolgreich) anrief.[42]

---

36 Richtlinie (EU) 2019/771 des Europäischen Parlaments und des Rates v. 20. Mai 2019 über bestimmte vertragliche Aspekte des Warenkaufs..., ABl.EU 2019 L 136/28.
37 Art. 6 ff. der Richtlinie 2011/83/EU des Europäischen Parlaments und des Rates v. 25. Oktober 2011 über die Rechte der Verbraucher..., ABl.EU 2011 L 304/64.
38 Verordnung (EU) 2016/679 des Europäischen Parlaments und des Rates v. 27. April 2016 zum Schutz natürlicher Personen bei der Verarbeitung personenbezogener Daten, zum freien Datenverkehr..., ABl.EU 2016 L 119/1.
39 In diese Richtung *Paul Kirchhof*, Vorrang des Rechts, NJW 2022, 1049 (1050).
40 EuGH, Rs.120/78, Urteil v. 20. Februar 1979, ECLI:EU:C:1979:42 (Rewe-Zentral AG. /. Bundesmonopolverwaltung für Branntwein).
41 Zum gesellschaftsrechtlichen Begriff der *actio pro socio Karsten Schmidt*, a.a.O. (Fn. 9), S. 629 ff.
42 EuGH, Rs. C-591/17, Urteil v. 18. Juni 2019, ECLI:EU:C:2019:504 (Österreich. /. Deutschland).

V. Dass schließlich fünftens aus einem ursprünglich von *Ipsen* eng titulierten „Zweckverband" ein gedeihliches *zielgebundenes transnationales Gemeinwesen*[43] erwachsen kann (in funktionaler Ergänzung zu kommunalen, regionalen und staatlichen Gemeinwesen), ist Europas neue historische Erfahrung. Sie ist Folge erstens der von *Wolfgang Kahl* hervorgehobenen schrittweisen vertraglichen Ausweitung von Verbandszweck und unionalen Hoheitsrechten; zweitens der potenziellen unmittelbaren Betroffenheit der gesamten Unionsbürgerschaft (Art. 9 EUV; illustriert von *Lajos Vékás* und *Hans Petter Graver*); und drittens der Dienstbindung aller Unionsorgane an das unionale Gemeinwohl (Art. 13 Abs. 1 EUV).

B. Zur Frage des derzeit vertraglich maßgeblichen Gemeinwohl-Gesellschaftszwecks der Europäischen Union

Die Frage nach dem derzeit vertraglich, also ideal-konzeptionell maßgeblichen Gemeinwohl-Gesellschaftszweck der Union wurde in verschiedenen Facetten angesprochen. Sie lässt sich positiv-rechtlich relativ übersichtlich beantworten.

Maßgeblich sind Art. 1 und 3 EUV. Art. 1 Abs. 2 EUV enthält als "Fundamentalziel"[44] die Perspektive einer „immer engeren Union der Völker Europas", mithin das Postulat einer inneren Verbundenheit zur gemeinsamen Selbstbehauptung in den kontinentalen und globalen Herausforderungen. Der auf die Arbeit des *Verfassungskonvents*[45] zurückgehende Art. 3 EUV legt dabei – wie die Satzung eines Vereins – bündig den Verbandszweck fest. Aus ihm entfalten sich dendronartig die Spezialzwecke verschiedener Agendateile des Primär- und Sekundärrechts. Art. 3 EUV umfasst eine *Leitzieltrias*[46] (Abs. 1) und ein deren unionale Verwirklichungswege konkretisierendes operatives *Hauptzielquartett*[47] (Abs. 2–5). Die Norm bindet nicht nur die Union, sondern löst auch die (im Verbandsrechtsvergleich der ge-

---

43 Zu dieser Charakterisierung der Europäischen Union *Peter-Christian Müller-Graff*, Verfassungsziele der Europäischen Union, in: Manfred Dauses/Markus Ludwigs (Hrsg.), Handbuch des EU-Wirtschaftsrechts, EL 49 (November 2019), A I Rn. 58 ff., 61 ff.
44 *Matthias Pechstein*, in: Matthias Pechstein/Carsten Nowak/Ulrich Häde (Hrsg.), Frankfurter Kommentar EUV, GRC, AEUV, Band I, Tübingen 2017, Art. 1 EUV Rn. 19.
45 *Peter-Christian Müller-Graff*, Der Europäische Verfassungskonvent, 2004.
46 Dazu *Peter-Christian Müller-Graff*, in: Matthias Pechstein/Carsten Nowak/Ulrich Häde (Hrsg.), a.a.O. (Fn. 44), Art. 3 EUV Rn. 4 ff.
47 Dazu *Peter-Christian Müller-Graff*, a.a.O. (Fn. 46), Art. 3 EUV Rn. 24 ff.

sellschaftsrechtlichen Zweckförderungspflicht ähnelnde) vertragspositivierte mehrgliedrige Loyalitäts- und Zielförderungspflicht der Mitgliedstaaten aus (Art. 4 Abs. 3 EUV): die Pflicht zur Pflichterfüllung, die aktive Unterstützungspflicht bei der unionalen Erfüllung vertraglicher Aufgaben und die Pflicht zur Unterlassung zielgefährdender Maßnahmen. Aber natürlich: Ziele sind *noch keine Verbandskompetenzen*.

I. Gemäß der Leitzieltrias ist es Ziel der Union, „den Frieden, ihre Werte und das Wohlergehen ihrer Völker zu fördern" (Art. 3 Abs. 1 EUV). Das ist erstens sehr abstrakt und zweitens klug formuliert. „Fördern" bedeutet nicht gewährleisten. Mit der Aufgabe der „Gewährleistung" wäre die Union in ihrer derzeitigen normativen und faktischen Konstitution überfordert. Der Kern des der Union aufgegebenen Förderbeitrags befindet sich im *operativenHauptzielquartett* und dessen Ausfaltungen in Einzelzielbestimmungen und zielorientierte Einzelzuständigkeiten in den jeweiligen Regelungsabschnitten.

II. Das operative Hauptzielquartett wird in Art. 3 Abs. 2–5 EUV punktiert: erstens die Errichtung und Aufrechterhaltung eines Binnenmarktes im Ordnungsrahmen von Gemeinwohlzielen[48] – u.a. sozialer und ökologischer Art – als operatives Sockelziel[49] (Abs. 3); zweitens, darauf konzeptionell aufbauend und ohne jenes fundamentlos[50] die Errichtung und Aufrechterhaltung des binnengrenzkontrolllosen, sogenannten „Raums der Freiheit, der Sicherheit und des Rechts" (Abs. 2); drittens die Errichtung und Aufrechterhaltung einer Wirtschafts- und Währungsunion (Abs. 4); und viertens (4.) die internationale unionale Selbstbehauptung im Außenhandel sowie – ihrer Rechtsnatur nach allerdings vergleichsweise deutlich schwächer ausgeprägt – in ihren Außenbeziehungen sowie ihrer Sicherheits- und Verteidigungspolitik (Abs. 5).

C. Zur Frage, inwieweit sich der EuGH und die rechtspolitischen Integrationsentwicklungen aktuell auf der kompetenziell unterlegten Zielspur bewegen

Vor diesem normativen Hintergrund gab das Kolloquium verschiedenen Facetten der Frage Raum, inwieweit sich die Rechtsprechung des EuGH und die rechtspolitischen Integrationsentwicklungen aktuell auf der kom-

---

48 Manchmal bezeichnet als „Sozialisierung des Marktes".
49 *Peter-Christian Müller-Graff*, a.a.O. (Fn. 46), Art. 3 EUV, Rn. 25.
50 Ebda.

petenziell unterlegten Zielspur bewegen und öffnete zugleich Ausblicke auf zu bedenkende Entwicklungen.

I. In Verfolgung der Verwirklichung der Leitzieltrias begegneten Fragen zu allen drei Richtpunkten.

1. Zum Leitziel der *Friedensförderung* nagt nach dem russischen Überfall auf die *Ukraine* im unionalen – literarisch verfremdet betrachtbaren – friedenshöffigen Auenland von Mittelerde[51] die – naturgemäß nicht die Judikative betreffende – schwer beantwortbare politische Frage, ob zu dessen Verhinderung (als Unterzweck der *externen* Friedensförderung gemäß Art. 3 Abs. 5 EUV) mehr möglich gewesen wäre als die inhaltlichen und institutionellen Anbindungen des umfänglichen Assoziierungsabkommens der Ukraine an die EU.[52] Es ist die faktisch freilich müßige Frage, ob eine Unionsmitgliedschaft mit ihrer Beistandsverpflichtung im Falle eines bewaffneten Angriffs auf das Hoheitsgebiet eines anderen Mitgliedstaats (Art. 46 Abs. 7 EUV) die Ukraine gegen den russischen Einmarsch geschützt hätte. Deren Abschreckungseffekt im Vergleich zu derjenigen im NATO-Vertrag ist spekulativ. Allerdings hätte eine Mitgliedschaft in der Union ohnehin die Erfüllung der im Elementarinteresse der unionalen Eigenstabilität bestehenden Beitrittsvoraussetzungen des Art. 49 EUV durch die Ukraine vorausgesetzt.

2. Die Frage nach der hinreichenden verbandszweckgemäßen *Werteförderung* durch die Unionsorgane richtet sich insbesondere auf die Rechtsstaatlichkeit, die Grundrechte und die Demokratie.

a) Speziell zur Herkulesaufgabe eines homogenen Verständnisses von *Rechtsstaatlichkeit* im Sinne der Art. 2 und 19 EUV in der Union wurde deutlich, dass sich der *EuGH* ihr entschieden stellt.[53] Angesprochen ist damit allerdings die Frage, ob er mit seiner diesbezüglichen Rechtsprechung zur Gerichtsorganisation in Polen seine Kompetenzen überschreitet oder gar gegen das Achtungsgebot der nationalen Identität (Art. 4 Abs. 2 EUV) verstößt, wie es das polnische Verfassungsgericht annimmt.[54] Dies ist m. E. zu verneinen. Die Selbstverpflichtung auf den gemeinsamen und damit

---

51 *John Ronald Reuel Tolkien*, The Lord of the Rings, 1954/1955.
52 Assoziierungsabkommen zwischen der Europäischen Union und ihren Mitgliedstaaten einerseits und der Ukraine andererseits, ABl.EU 2014 L 161/3.
53 So namentlich EuGH, Rs. C-791/19, Urteil v. 15.Juli 2021, ECLI:EU:C:2021:596, Rn. 235 (Kommission. /. Polen); EuGH, verb. Rs. C-83/19 u. a., Urteil v. 18. Mai 2021, ECLI:EU:C:2021:393, Rn. 241, 252 (Asociaţia „Forumul Judecătorilor din România").
54 Trybunał Konstytucyiny, October 7, 2021, https://trybunal.gov.pl/en/news/press-rele ases/after-the-hearing/art/..

in die Auslegungshoheit des EuGH gestellten Wert der Rechtsstaatlichkeit wiegt schwerer. Daneben haben Europäisches Parlament und Rat *legislativ* die (vom EuGH abgesegnete[55]) Rechtsstaatskonditionalität geschaffen[56]. *Administrativ* ist die Kommission tätig geworden: gegen Polen mit Vertragsverletzungsverfahren[57] Suspensionsfrühwarnverfahren[58] und (wegen des Braunkohleabbaus in Turow) Geldentzugsverfahren[59], mit letzterem jüngst auch gegen Ungarn.[60] Anders als im Recht der deutschen Gesellschaft bürgerlichen Rechts in §§ 737, 723 BGB sieht das Primärrecht allerdings kein Ausschlussverfahren gegen ein Mitglied vor, das eine ihm nach dem Vertrag obliegende wesentliche Verpflichtung vorsätzlich oder aus grober Fahrlässigkeit verletzt. Diese Unionsprimärrechtslage ist wohl überlegt, doch ist de lege ferenda im Suspensionsverfahren für die Feststellung einer schwerwiegenden und anhaltenden Verletzung der Unionswerte (Art. 7 Abs. 2 EUV i.V.m. Art 2 EUV) durch einen Mitgliedstaatzu erwägen, das derzeitige Einstimmigkeitserfordernis im Rat durch die Feststellungsmöglichkeit mit einer „Supermehrheit" (z.B. Einstimmigkeit minus 1 oder 2) zu ersetzen.

Die von der Kommission initiierten Vertragsverletzungsverfahren gegen Frankreich und Deutschland wegen *Nichtvorlagen* deren Obergerichte an den EuGH[61] lassen sich unter dem Gesichtspunkt der vereinbarten prozeduralen Rechtsstaatlichkeit als verbandsrechtsstimmig verstehen. *Umge-*

---

55 EuGH, Rs. C-156/21, Urteil v. 16. Februar 2022, ECLI:EU:C:2022:97 (Ungarn. /. Europäisches Parlament/Rat der Europäischen Union); EuGH, Rs. C-157/21, Urteil v. 16. Februar 2022, ECLI:EU:C:2022:98 (Polen. /. Europäisches Parlament/Rat der Europäischen Union).
56 Verordnung (EU, Euratom) 2020/2092 des Europäischen Parlaments und des Rates v. 16. Dezember 2020 über eine allgemeine Konditionalitätsregelung zum Schutz des Haushalts der Union, ABl.EU 2020, L 433 I/1.
57 So namentlich mit dem Verfahren EuGH, Rs. C-791/19, a.a.O. (Fn. 53).
58 Europäische Kommission, Begründeter Vorschlag für eine Beschluss des Rates nach Art. 7 Absatz 1 EUV v. 20. Dezember 2017.
59 *Thomas Gutschker*, EU stoppt Zahlung an Polen (08. 02. 2022), https://www.faz.net/a ktuell/politik/ausland/eu-kommission-stoppt-zahlung-an-polen-wegen-nicht-beglich ener-strafe-17788763.html.
60 Drohender Geldentzug. EU-Kommission aktiviert Strafmechanismus gegen Ungarn (27.04.2022), https://www.spiegel.de/ausland/eu-kommission-kuerzt-ungarn-foerder mittel-a-37296b8b-9d9c-4f10-b741-50aec3514d6a.
61 EuGH, Rs. C-416/17, Urteil v. 4. Oktober 2018, ECLI:EU:C:2018:811, Rn.114 (Kommission. /. Frankreich); Europäische Kommission: Vorrang des EU-Rechts: Kommission leitet Vertragsverletzungsverfahren gegen Deutschland ein, Pressemitteilung, 9. Juni 2021.

kehrt steht allerdings die Frage im Raum, ob der *EuGH* das Gebot der Rechtsstaatlichkeit in seiner *Kontrolldichte* von (eher exekutiv als legislativ zu qualifizierenden) Maßnahmen der EZB und in seinen *Begründungen* in diesen Kompetenzfragen ausnahmslos hinreichend erfüllt. Das *BVerfG* hat dies im *PSPP*-Urteil hinsichtlich Art. 127 Abs. 1 AEUV und Art. 19 EUV mit substantiierter Begründung verneint,[62] freilich sein Anliegen durch seinen Verstoß gegen die rechtsstaatliche Verpflichtung zur Nachfragevorlage kontaminiert.[63]

b) Zur *Grundrechteförderung* durch die Union wurde deutlich, dass der EuGH die Charta gegenüber Unionsorganen und mitgliedstaatlichen Durchführungsmaßnahmen des Unionsrechts verbandszweckstimmig entfaltet. Zwar stellen sich bei letzteren abstrakte Fragen der Grenzziehung des Anwendungsbereichs der Charta durch die potenziell weitreichende *Åkerberg*-Formel.[64] Die mitgliedstaatliche *Migrantenbehandlung* an den Außengrenzen in Umsetzung des Sekundärrechts des Raums der Freiheit, der Sicherheit und des Rechts, namentlich des Schengen-Kodex,[65] fällt indes zweifelsfrei darunter. In der Frage der *horizontalen Direktwirkung* von Chartabestimmungen mag der dogmatisch ausgreifende bejahende Schritt des EuGH in der Rechtssache „Broßonn"[66] im Bereich der Arbeitsbeziehungen wegen der spezifischen Abhängigkeit des Arbeitnehmers als plausibel angesehen werden.[67]

c) Zur *Demokratieförderung* durch die Union besteht die (rechtspolitische und daher nicht primär an den EuGH gerichtete) Dauerfrage, inwieweit die Mitgliedstaaten in der Entwicklung ihrer Union hinreichend

---

62 BVerfGE 154, 17 (PSPP II), Rn. 116 ff., 133, 141, 153.
63 Vgl. z. B. *Wilfried* Tilmann, Verfassungsgericht verletzt das Unionsrecht, IWRZ 2020, 166; *Peter-Christian Müller-Graff*, Höchstgerichte ultra vires?, GPR 2020, 167; *Ingo Pernice*, Machtanspruch aus Karlsruhe: "Nicht verhältnismäßig? – Nicht verbindlich? – Nicht zu fassen ..." Zum PSPP-Urteil des BVerfG vom 5. 5. 2020, EuZW 2020, 508 (518).
64 EuGH, C-617/10, Urteil v. 26. Februar 2013, ECLI:EU:C:2013:105, Rn. 21 (Åklagare. /. Åkerberg Fransson).
65 Verordnung (EU) 2016/399 des Europäischen Parlaments und des Rates v. 9. März 2016 über einen Gemeinschaftskodex für das Überschreiten der Grenzen durch Personen (Schengener Grenzkodex), ABl.EU 2016 L 77/1.
66 EuGH, verb.Rs. C-569/16 (Wuppertal. /. Bauer) und C-570/16 (Willmeroth. /. Broßonn), Urteil v. 6. November 2018, ECLI:EU:C:2018:871, Rn. 87ff.
67 *Peter-Christian Müller-Graff*, „Unmittelbare Drittwirkung" von Bestimmungen der EU-Grundrechtecharta?, in: Roland A. Müller/Roger Rudolph/Anton K. Schnyder/Adrian von Kaenel/Bernd Waas (Hrsg.), Festschrift für Wolfgang Portmann, 2020, S. 543 (552f.).

Schritt mit demokratischen Grunderfordernissen halten oder demokratische Substanz beeinträchtigen. Die Antwort darauf entscheidet sich an der gewünschten und passfähigen Ausgestaltung der repräsentativ-demokratischen Legitimationskette des hoheitlichen Handelns der Union. Zu konstatieren ist hierzu die Existenz abundant vielfältiger unterschiedlicher Vorstellungen im Einzelnen.[68] Zweifelsfrei sollte aber sein: Ein Verband, zu dessen Zweck die von den demokratisch verfassten „Gesellschaftern" festgesetzte Hoheitsausübung zählt, muss in seinem Handeln plausiblen demokratischen Legitimationsanforderungen genügen,[69] ohne dass dies eine Parallelisierung oder "strukturelle Kongruenz" zu einer einzelnen mitgliedstaatlichen Verfassung bedeuten kann.[70]

Demokratieförderung in der Union umschließt auch den Binnenbereich der Mitgliedstaaten. Denn „eine schwerwiegende und anhaltende Verletzung" des Wertes der „Demokratie" durch einen Mitgliedstaat kann wegen dessen Beteiligung in den Rechtsetzungsverfahren der Union die demokratische Legitimität der Unionslegislation verschatten und nach dem einleuchtenden Konzept des Unionsvertrages zu einer Suspension der Rechte eines Mitgliedstaats in der Union führen (Art. 7 Abs. 3 EUV). Demokratie als Legitimationsform hoheitlicher Macht ist (wie jedes Herrschaftssystem) spezifischen Gefährdungen seiner Realexistenz ausgesetzt – namentlich des Umkippens in eine Ochlokratie oder (oligarchische oder monokratische) Diktatur. Derartige Gefahren in jedem der auf das Demokratieprinzip ver-

---

68 Vgl. z.B. *Dieter Grimm*, Europa ja – aber welches? Zur Verfassung der europäischen Demokratie, 2016; *Manfred G. Schmidt*, Hat die Europäische Union ein Demokratiedefizit? in: *Manfred G. Schmidt*, Demokratietheorien, 5.Aufl., 2010, S. 399ff.; *Ulrike Guérot*, Warum Europa eine Republik werden muss! Eine politische Utopie, 2016; *Stéphanie Hennette/Thomas Piketty/Guillaume Sacriste/Antoine Vauchez:* Für ein anderes Europa. Vertrag zur Demokratisierung der Eurozone, 2017; *Jelena von Achenbach*, Demokratische Gesetzgebung in der Europäischen Union – Theorie und Praxis der dualen Legitimationsstruktur europäischer Hoheitsgewalt, 2014.
69 Zum Postulat einer angemessenen demokratischen Ausgestaltung *Stephan Hobe*, Der offene Verfassungsstaat zwischen Souveränität und Interdependenz, 1998, S. 153; *Peter-Christian Müller-Graff*, Europäische Verfassungsordnung – Notwendigkeit, Gestalt und Fortentwicklung, in: Dieter H. Scheuing (Hrsg.), Europäische Verfassungsordnung, 2003, S.11 (24).Zu den Anforderungen aus der Sicht des Bundesverfassungsgerichts vgl. BVerfGE 123, 267 Rn. 244 ff., 262ff., 267ff.
70 Kompatibel dazu die Auslegung des Art. 23 Abs. 1 GG durch das Bundesverfassungsgericht, BVerfGE 123, 267 Rn. 266 f.; zur Bewertung des demokratischen Legitimationsniveaus der Europäischen Union nach diesen Maßstäben ebda., Rn. 273, 274ff.; dazu *Peter-Christian Müller-Graff*, Das Karlsruher Lissabon-Urteil: Bedingungen, Grenzen, Orakel und integrative Optionen, integration 2009, 331, 342 ff.

traglich wechselseitig verpflichteten Verbandsstaaten zu bannen, ist daher auch eine Gemeinschaftsaufgabe.

3. Für die *Wohlergehensförderung* der Völker der Union soll nach dem Unionsvertrag zuallererst der wettbewerbliche Binnenmarkt wirken.[71] In der dazu erforderlichen einheitlichen Auslegung seiner vielfältigen Rahmenbestimmungen erfüllt der EuGH seit jeher seine bestimmungsgemäße Aufgabe. Seiner Rechtsprechung sind zudem grundlegende Weichenstellungen im Marktintegrationsrecht zu entnehmen: so vor allem die judikative Bestätigung, dass das Funktionieren des gemeinsamen Marktraums den Einzelnen unmittelbar betrifft und daher die transnationalen Markzugangsbehinderungsverbote im Umfang ihres jeweiligen Gewährleistungsbereichs subjektive Rechte verleihen und unmittelbar anzuwenden sind (*Van Gend & Loos*[72]) und Anwendungsvorrang vor entgegenstehendem nationalen Recht genießen.[73]

Soweit die Gestaltung des regulativen Rahmens des Binnenmarkts angezeigt ist, wird man der antreibenden Agenda der amtierenden Kommission[74] eine vertragszielorientierte Ausrichtung bescheinigen dürfen. Sie nimmt sich an vorderster Front der *Zukunftsfragen* an: so namentlich des Umbaus des Wirtschaftens auf Nachhaltigkeit, der Sicherung der Überlebensbedingungen in der Klimaherausforderung, der Förderung der technologischen Innovationskraftinitiativen, der Schutzerfordernisse in der digitalen Welt und der sozialen Abfederung des Wandels. Es versteht sich von selbst, dass dies im Rahmen der der Union zur Zweckverfolgung gegebenen Zuständigkeiten zu erfolgen hat (Art. 5 Abs. 2 EUV).

II. In der derzeitigen Verfolgung der Verwirklichungsspur des operativen Hauptzielquartetts begegneten im Kolloquium Fragen auf allen vier Pfaden.

1. Zum *Binnenmarkt im Ordnungsrahmen* (Art. 3 Abs. 3 EUV) zeigte das Kolloquium diesen operativen Zweck als unveränderte Drehscheibe rechtsintegrativer Entwicklungen. Dies verwunderte verbandsrechtlich nicht: wegen seiner *operativ-konzeptionellen Sockelfunktion* des Zusammenhalts und des damit verbundenen steten Modernisierungsbedarfs seines Rechts-

---

71 Zum Nutzen des Binnenmarktes: *Paolo Cecchini,* Europa´92. Der Vorteil des Binnenmarktes, 1988; *André Schmidt,* Die Integrationskraft des Europäischen Binnenmarktes, in: Peter-Christian Müller-Graff (Hrsg.), Der Zusammenhalt Europas – In Vielfalt geeint, 2009, S.23 ff.
72 Grundlegend EuGH a.a.O. Fn. 32.
73 A.a.O. Fn. 33.
74 *Ursula von der Leyen,* Eine Union, die mehr erreichen will. Meine Agenda für Europa. Politische Leitlinien für die künftige Europäische Kommission, 2019–2024, 2019.

rahmens,[75] des *legislativen* Kompetenzgewichts[76] und der für die Binnenmarktteilnehmenden elementaren Zuständigkeiten des *EuGH* zum Rechtsschutz[77] (*Hans Petter Graver, Julia Lübke*). So ist es systemstimmig, wenn die transnationalen Marktzugangsgrundfreiheiten und Wettbewerbsregeln judikativ teleologisch ausgelegt werden, ohne gerechtfertigt einrahmendes Schutzgüterrecht zu vernachlässigen.[78] Dasselbe gilt für den von *Hans Petter Graver* und *Julia Lübke* vorgeführten Sozialschutz und die von *Lajos Vékás* und *René Repasi* entfalteten zivilrechtlichen Kollisionsnormen und Gerichtszuständigkeiten. Auf derselben konzeptionellen Integrationsspur befindet sich Rechtspolitik, wenn beispielsweise die Schutzstandards bei Digitaldiensten,[79] selbstbestimmungsfördernder Verbraucherschutz bei Vertragsschlüssen[80] oder die Transformation der Wirtschaftsweise in einen klimaneutralen Modus[81] legislativ binnenmarktkonform gestaltet werden.

2. Das zweite operative Hauptverbandsziel – die Gewährleistung der *innerunionalen Grenzkontrolllosigkeit* – ist in jüngerer Zeit mehrfach *in Bedrängnis* geraten: beim Großzustrom *Geflüchteter* 2015/2016[82] und bei der Bekämpfung der *Corona-Pandemie*.[83] Nicht jede mitgliedstaatliche

---

75 *Peter-Christian Müller-Graff*, Die Vertragsziele der Europäischen Union, in: Armin Hatje/Peter-Christian Müller-Graff (Hrsg.), Europäisches Organisations- und Verfassungsrecht (Enzyklopädie Europarecht, Band 1), 2. Aufl., 2022, § 8 Rn. 55; *ders.*, Europäisches Binnenmarkt- und Wirtschaftsordnungsrecht, in: Peter-Christian Müller-Graff (Hrsg.), Europäisches Binnenmarkt- und Wirtschaftsordnungsrecht (Enzyklopädie Europarecht, Band 4), 2.Aufl., 2021, § 1 Rn. 1.

76 Art. 114–118 AEUV.

77 Insbesondere auf Grund des Vorlageverfahrens mitgliedstaatlicher Gerichte in binnenmarktrechtlichen Auslegungsfragen (Art. 267 AEUV).

78 So z. B. in der Rechtsprechung zur Warenverkehrsfreiheit (Art. 34, 36 AEUV), zum Beihilfenaufsichtsrecht (Art. 107 Abs. 1 und 3 AEUV) und zum Kartellrecht (Art. 101 Abs. 1 und 3 AEUV).

79 A.a.O. (Fn. 22).

80 Z.B. Informationspflichten und Widerrufsrecht bei Fernabsatzverträgen und außerhalb von Geschäftsräumen geschlossenen Verträgen: Art.6 ff. der Verbraucherrechte-Richtlinie 2011/83/EU des Europäischen Parlaments und des Rates v. 25. Oktober 2011, ABl.EU 2011 L 304/64.

81 Z.B. Verordung (EU) 2021/1119 des Europäischen Parlaments und des Rates v. 30. Juni 2021 zur Schaffung des Rahmens für die Verwirklichung der Klimaneutralität … („Europäisches Klimagesetz"), ABl.EU 2021 L 243/1.

82 *Peter-Christian Müller-Graff*, Die Rolle des supranationalen Rechts im Migrationsgeschehen, in: Stefan Lorenzmeier/Hans-Peter Folz (Hrsg.), Recht und Realität. Festschrift für Christoph Vedder, 2017, S. 222ff.

83 *Luuk van Middelaar*,Das europäische Pandämonium, 2021, S. 84ff.; *Peter-Christian Müller-Graff*, Binnenmarktrecht unter Pandemiedruck, ZHR 185 (2021) 461 (462ff.).

Durchführung wiedereingeführter Grenzkontrollen dürfte den judikativen Test unionsrechtlicher Lupenreinheit bestanden haben, hätte er denn stattgefunden.[84] Da die Kontrollfreiheit im Binnenraum elementar von der verlässlichen Umsetzung der gemeinsamen Zugangspolitik gegenüber Einreisenden von außen und im Fall eines Zuflüchtendendrucks von einer „solidarischen" Lastenverteilung im Inneren abhängt, bewegen sich die Union und ihre Mitgliedstaaten auf der Spur dieses zweiten operativen Hauptverbandsziels, wenn sie die Agentur für die Europäische Grenz- und Küstenwache verstärken[85] und die Kommissionsvorschläge zum Neuen Migrations- und Asylpaket[86] aufnehmen[87] oder wenn willige Mitgliedstaaten dies wenigstens in verstärkter Zusammenarbeit gemäß Art. 20 EUV tun.

3. In der Verfolgung des dritten operativen Hauptziels – der *Wirtschafts- und Währungsunion* – knirscht es: In der *Wirtschaftsunion*, weil die Verschuldungsobergrenzen der mitgliedstaatlichen Haushalte (Art. 126 Abs. 1 AEUV), bei deren Nichteinhaltung ein Vertragsverletzungsverfahren vor dem EuGH jedoch (ungünstigerweise) ausgeschlossen ist (Art. 126 Abs. 10 AEUV), *nicht erst* wegen der Pandemie in Bedrängnis geraten sind. *Schon zuvor* verfehlten bekanntlich einige Eurostaaten dieses Ziel. Teilweise wird vorgetragen, dass dieses Vertragskonzept überholt sei[88] und der durch Unionsverschuldung[89] finanzierte Wiederaufbaufonds in Höhe von 750 Mrd.

---

84 A.a.O. (Fn. 83). Zur allgemeinen Position des EuGH zum Verbot der zu Grenzübertrittskontrollen gleichwirkenden Ausübung von Polizeibefugnissen EuGH, C-188/10 und C-189/10, Urteil v. 22. Juni 2010, ECLI:EU:C:2010:363, Rn. 75 (Melki und Abdeli).
85 Verordnung (EU) 2019/1896 des Europäischen Parlaments und des Rates v. 13. November 2019 über die Europäische Grenz-und Küstenwache..., ABl.EU 2019 L 295/1.
86 Europäische Kommission, Mitteilung der Europäischen Kommission an das Europäische Parlament, den Rat, den Europäischen Wirtschafts- und Sozialausschuss und den Ausschuss der Regionen. Ein neues Migrations- und Asylpaket, COM(2020) 609 final. Als Nachweis der dazu sukzessive vorgelegten Rechtsaktvorschläge der Kommission *Peter-Christian Müller-Graff*, in: Matthias Pechstein/Carsten Nowak/Ulrich Häde (Hrsg.), a.a.O. (Fn. 42), Band II, Art. 78 AEUV Rn. 11 Fn. 45.
87 Vgl. dazu jetzt Rat der Europäischen Union, Interinstitutionelles Dossier 2020/0279(COD) v. 13.Juni 2023.
88 Dazu z. B. *Christoph G. Schmutz*, Brüssel lanciert das Seilziehen um die künftige Haushaltsdisziplin der EU neu (19. 10. 2021), https://www.nzz.ch/wirtschaft/bruessel-lanciert-das-seilziehen-um-die-kuenftige-haushaltsdisziplin-in-der-eu-neu-Id.1651068.
89 Art. 5 des Beschlusses (EU, Euratom) 2020/2053 des Rates vom 14.Dezember 2020 über das Eigenmittelsystem der Europäischen Union und zur Aufhebung des Beschlusses 2014/335/EU, Euratom, ABl.EU 2020 L 424/1.

€[90] zum „Hamilton"-Herold werden könne,[91] um asymmetrische mitgliedstaatliche Haushaltsentwicklungen zu dämpfen. Jedoch ist *gegenzufragen*, ob der Unterzweck stabiler unionaler und mitgliedstaatlicher öffentlicher Finanzen (so ausdrücklich Art. 119 Abs. 3 AEUV) fehlsam ist. Unabhängig davon gilt allerdings auch: Staaten, die Wohlfahrtsnutzen aus dem gemeinsamen Marktraum ziehen, müssen auch zu dessen Zusammenhalt („Kohäsion") finanziell beitragen (so sogar auch eng partizipierende Nicht-EU-Mitgliedstaaten wie Norwegen und die Schweiz). Andererseits muss mitgliedstaatliche und unionale wirtschaftsrelevante Förderpolitik der latenten (in der Bekämpfung der wirtschaftlichen Folgen der COVID-19-Pandemie großflächig sichtbar gewordenen[92]) Spannung zum Ziel eines unverfälschten Wettbewerbs im Binnenmarkt rechtssystemstimmig Rechnung tragen.[93] In der *Währungsunion* knirscht es, weil die EZB nach ihrer (umstrittenen) mehrjährigen großdimensionierten Ankaufspolitik von Staatsanleihen (PSPP)[94] nunmehr durch die gesamtwirtschaftlichen Folgen des russischen Kriegs in die schwierige Situation geraten ist, das von ihr ausgegebene

---

90 Verordnung (EU) 2020/2094 des Rates v. 14. Dezember 2020 zur Schaffung eines Aufbauinstruments der Europäischen Union zur Unterstützung der Erholung nach der COVID-19-Krise, ABl.EU 2020 LI 433/23.

91 Dazu z. B. *Matthias Koch*, Europas „Hamilton-Moment": Das Mega-Thema dieser Zeit (22. 05. 2020), https://www.rnd.de/politik/europas-hamilton-moment-das-mega-thema-dieser-zeit-3ACNMNNEDZGA3GDXW42V3Y6IYE.html; *Hans-Werner Sinn*, Der Hamilton-Moment, F.A.Z. v. 22. Mai 2020, S. 17.

92 Vgl. z. B. *Luuk van Middelaar*, a.a.O. (Fn. 83), S. 12, 100; *Peter-Christian Müller-Graff*, a.a.O. (Fn. 83), 465, 467.

93 Vgl. zu den mitgliedstaatlichen Stützungsbeihilfen in der Pandemie Europäische Kommission, Mitteilung „Befristeter Rahmen für staatliche Beihilfen zur Stützung der Wirtschaft angesichts des derzeitigen Ausbruchs von COVID-19", COM(2020) 1863 final, ABl.EU 2020 CI 9/1. Dieser Rahmen löst allerdings nicht das wettbewerbsverzerrende und kohäsionspolitische Großproblem unterschiedlich voluminöser Beihilfeprogramme der Mitgliedstaaten (*Peter-Christian Müller-Graff*, a.a.O. (Fn. 83), 466). Zur Absicht der Europäischen Kommission, die Vereinbarkeit der im Rahmen der „Aufbau- und Resilienzfazilität" der EU geförderten Investitionsprojekte mit den Beihilfevorschriften sicherzustellen: Europäische Kommission, Pressemitteilung v. 13. Oktober 2020: Staatliche Beihilfen.

94 Beschluss (EU) 2015/774 der Europäischen Zentralbank v. 4. März 2015 über ein Programm zum Ankauf von Anleihen des öffentlichen Sektors an den Sekundärmärkten, ABl.EU 2015 L 121/20. Kritisch dazu z. B. *Hans-Werner Sinn*, Das Geld der EZB fällt nicht wie Manna vom Himmel, FAS v. 15. 3. 2015, S. 20.

Preisstabilitätsziel von 2 %[95] nicht halten (und in der zinspolitischen Inflationsbekämpfung ohnehin nicht regional differenzieren) zu können.

4. Bei dem vierten, in Handelspolitik und ASVP (Außen-, Sicherheits- und Verteidigungspolitik) *aufgegliederten* operativen Verbandshauptziel der *internationalen Selbstbehauptung* bewegt sich die Union *im Handelsbereich* seit Jahren auf konsequentem, mit Verträgen global ausgreifendem[96] und durch Gutachten des EuGH unionsrechtlich abgesichertem[97] Pfad. Sie ist eine insoweit vom wettbewerblichen Binnenmarkt ermöglichte attraktive Weltmacht, deren gesundheits-, verbraucher-, daten- und umweltschützende Vermarktungsstandards laut *Anu Bradford* weltweit rezipiert werden.[98] Allerdings wird zunehmend auch die Notwendigkeit von Schutzmaßnahmen gegen abhängigkeitsbegründende Investitionen aus oder in Drittstaaten erkannt.[99]

Anders freilich steht es bislang um die nur intergouvernemental – also klassisch völkerrechtlich – unterlegten und der Jurisdiktion des *EuGH* weitgehend entzogenen[100] Möglichkeiten, ihren Satzungsauftrag der Förderung der „Weltordnung" (sic)[101] durch die gemeinsame Außen- und Sicherheitspolitik auch jenseits der Absicherung des gemeinsamen Wirtschaftsraums effektiv zu erfüllen. Die Nichtverhinderbarkeit des zivilisationsbrechenden[102] russischen Überfalls auf die Ukraine im Europa des 21. Jahrhunderts hat dies vor Augen geführt. *Allerdings* umfassen der unionale *Verbands-*

---

95 Vgl. z. B. Erwägungsgründe 2 bis 4 und 7 des Beschlusses (EU) 2015/774 der Europäischen Zentralbank, a.a.O. (Fn. 94).
96 *Peter-Christian Müller-Graff*, Unionsrechtliche Europäisierung außerhalb der Europäischen Union, in: Wolfram Hilz/Antje Nötzold (Hrsg.), Die Zukunft Europas in einer Welt im Umbruch. Festschrift für Beate Neuss, 2018, S. 185 (192 ff.).
97 Vgl. z. B. EuGH, Gutachten 2/15 v. 16. Mai 2017, ECLI:EU:C:2017:376 (Singapur); EuGH, Gutachten 1/17 v. 30. April 2019, ECLI:EU:C:2019:341 (CETA).
98 *Anu Bradford*, The Brussels Effect: How the European Union Rules the World, 2020; s. zu dieser Entwicklung auf normativer Ebene bereits *Peter-Christian Müller-Graff*, a.a.O. (Fn. 96).
99 Vgl. z.B. Verordnung (EU) 2019/452 des Europäischen Parlamets und des Rates v. 19. März 2019 zur Schaffung eines Rahmens für die Überprüfung ausländischer Direktinvestitionen in der Union, ABl.EU 2019 L79 I/1; Verordnung (EU) 2022/2560 des Europäischen Parlaments und des Rates v. 14. Dezember 2022 über den Binnenmarkt verzerrende drittstaatliche Subventionen, ABl.EU 2022 L 330/1; als Ankündigung einer Prüfung,"ob zusätzliche Instrumente für die Kontrolle von strategischen europäischen Investitionen in Drittstaaten erforderlich sind" vgl. Europäische Kommission, COM(2022) 548 final v. 18. Oktober 2022, 3.3.
100 Art. 275 AEUV.
101 So ausdrücklich Art. 21 Abs. 2 Buchst. h EUV.
102 *Norbert Röttgen*, Nie wieder hilflos! Ein Manifest in Zeichen des Krieges, 2022, S. 91.

zweck und Zuständigkeitsrahmen nicht nur eine auf zivile und militärische Mittel gestützte *Operationsfähigkeit* der Union mit der Durchführung von Missionen *außerhalb* der Union (Art. 42 Abs. 1 EUV) – gegebenenfalls durch eine Gruppe von Mitgliedstaaten (Art. 44 EUV), die gegebenenfalls in ständiger strukturierter Zusammenarbeit stehen (Art. 42 Abs. 6 EUV und Art. 46 EUV). Einbegriffen ist *auch* die *militärische Selbstbehauptung* der Lebensweise der Union durch Verteidigung in Gestalt der ausdrücklichen Musketier-Verpflichtung aller Mitgliedstaaten gegen auswärtige Mächte, im Falle eines bewaffneten Angriffs auf das Hoheitsgebiet eines Mitgliedstaats, diesem „alle in ihrer Macht stehende Hilfe und Unterstützung zukommen zu lassen" (Art. 42 Abs. 7 EUV). Für die unionale Außen-, Sicherheits- und Verteidigungspolitik besteht Entwicklungspotenzial. Allerdings dürfte statt des oftmals geforderten (primärrechtspolitischen) Übergangs vom Einstimmigkeitsprinzip zur qualifizierten Mehrheitsentscheidug die Aktivierung der bereits de lege lata möglichen (und praktizierten) konstruktiven Enthaltung des Art. 31 Abs. 1 UAbs. 2 AEUV zielführender sein. Und Gleiches gilt statt der vereinzelt geforderten Schaffung einer europäischen Streitmacht für die de lege lata eröffnete Ständige Strukturierte Zusammenarbeit im Sinne der Art. 42 Abs. 6 und Art. 46 EUV und die Stärkung des Zusammenwirkens der in der Unionsstaaten, die zugleich Mitglieder der NATO sind, innerhalb dieser Organisation. Der 24. Februar 2022 ist jedenfalls überfälliger Anlass zur unionalen Bewusstseinsschärfung für die Erfordernisse ihrer strategischen Selbstbehauptung.[103] Derartige Selbstbehauptung umfasst als Sub-Ziel, dauerhaft darauf hinzuwirken, dass Russlands (aus seiner internen Machtordnung[104] mitverursachten) Außenpolitik nicht eine latente Bedrohung der Union und ihrer Mitgliedstaaten darstellt.

D. Zur fazitziehenden Frage, ob es der Modifikation oder Überwindung des Zieldenkens in der Europäischen Union bedarf

Die fazitziehende Frage, ob es der Modifikation oder Überwindung des Zieldenkens in der Europäischen Union bedarf, umfasst Überlegungen zur Beseitigung der Zielbindung durch Staatlichwerdung der EU ebenso wie zu deren Rückbildung in einen bloßen Wirtschaftsraum oder zur Anreiche-

---

103 *Ludger Kühnhardt*, Europas Sicherheit, die Zukunft der Ukraine und die russische Frage, 2022, S. 47 ff., 53; *Norbert Röttgen*, a.a.O. (Fn. 102), S. 94 ff., 98 ff.
104 Dazu *Alexej Nawalny*, F.A.S. v. 2. Oktober 2022, S. 2.

rung des Satzungszwecks. Derartige Erwägungen waren im Kolloquium als Unterströmungen erkennbar.

I. Zu einer ohnehin nicht aktuellen, eine vertragliche Zweckbindung in Richtung Selbstkonstituierung überwindende *Staatlichwerdung* der Union ist speziell zur Zweckfrage konzeptionell zu beachten, dass auch ein staatliches Gemeinwesen nicht ohne Zielbindung verstanden werden sollte. Längst wird es – im Unterschied zu einer pauschalen „Omnipotenz"-Annahme unter dem Gesichtspunkt der Staatsaufgaben[105] sachlegitimatorisch befragt oder begründet.[106]

II. Umgekehrt wirkt der Gedanke einer *Rückbildung* zum bloßen Freihandelsraum[107] schon in sich fundamental unverständig zu den politischen und legislativen Voraussetzungen eines in sich ohne transnationale Marktzugangshindernisse und Wettbewerbsverzerrungen funktionierenden und im öffentlichen Schutzgutrahmen eingebetteten Marktes. Politisch verkennt er zur Gänze die elementaren Gefahren, die für die Mitgliedstaaten in ihrer Vereinzelung für die Aufrechterhaltung ihrer Lebensweise in der multipolaren Machtordung des 21. Jahrhunderts bestehen.

III. Über eine *Anreicherung* der Satzungsziele schließlich lässt sich nachdenken, aber doch auch fragen, ob der evolutiv herausgebildete und in zahlreiche Unterziele ausgefaltete Art. 3 EUV nicht bereits nahezu alles Notwendige für die Förderung des transnationalen Gemeinwesens enthält. So lassen sich die meisten, am heutigen Europatag des Jahres 2022 zeitgleich in Straßburg vorgelegten *Vorschläge* der „Konferenz über die Zukunft Europas"[108] ohne Vertragsänderung angehen. Anderes gilt für einflussrelevante prozedurale und institutionelle Vorschläge, so namentlich für den Übergang zur qualifizierten Mehrheitsentscheidung,[109] namentlich im Steuerrecht[110] und in der Gemeinsamen Außen- und Sicherheitspolitik,[111] sowie für das Europäische Parlament.[112]

---

105 Vgl. z.B. *Hans P. Bull*, Die Staatsaufgaben nach dem Grundgesetz, 1977; *Günter Hesse*, Staatsaufgaben. Zur Theorie der Legitiation und Identifikation staatlicher Aufgaben, 1979.
106 BVerfGE 123, 267, Rn. 252 ff.
107 Zu dieser Denkweise *Patrick Minford*, Understanding the UK negotiating position on Brexit, in: Friedemann Kainer/René Repasi (eds.), Trade Relations after Brexit, 2019, S. 43 f.
108 Konferenz zur Zukunft Europas, Bericht über das endgültige Ergebnis, 2022.
109 A.a.O. (Fn. 108), Vorschlag 39.1.
110 A.a.O. (Fn. 108), Vorschlag 16.1.
111 A.a.O. (Fn. 108). Vorschlag 21.1.
112 A.a.O. (Fn. 108), Vorschläge 38.3 und 38.5.

Der Förderauftrag des Art. 3 Abs. 1 EUV erinnert freilich an die Einsicht des *Böckenförde*-Diktums zum freiheitlichen, säkularisierten Staat, dass der Verband von Voraussetzungen lebt, die er nicht selbst garantieren kann.[113] Gleichwohl: Die Union und vor allem auch ihre Gesellschafter sind satzungsgemäß aufgerufen, die Grundlagen zu *fördern*, aus denen sie ihre Kraft bezieht: nämlich die Überzeugung ihrer „Gesellschafter" und die mehrheitlich geteilte Überzeugung deren Bürger von den Vorteilen der gemeinsamen souveränitätsbündelnden Absicherung der aufgeklärten, in den *Werten* des Art. 2 EUV kondensierten europäischen Lebensweise in ihrer regionalen Vielfalt. Sie zu *fördern* ist Teil des *Gesellschaftszwecks* der Union – mit der Perspektive einer insoweit „immer engeren Union der Völker Europas". Speziell der EuGH – im Titel des Kolloquiums prominent befragt – hat hierzu in seinem Aufgabenbereich mit positivrechtlich gegründeten, methodisch fundiert geleiteten und wissenschaftlich laufend befragten Einzelentscheidungen seinen nicht hoch genug zu schätzenden, auftragsgemäßen *judikativen Beitrag* zu leisten.

Und die „Finalität" der Union im Sinne einer endgültigen organisatorischen Gestalt? Diese Frage[114] wurde im Kolloquium bemerkenswerterweise nicht vertieft. Eine Einzwängung der gestalterischen Perspektive des aufgewachsenen, gesellschaftsvertragsartig *zielgebundenen transnationalen europäischen Gemeinwesens*[115] mit föderativartigen Elementen[116] (in funktionaler Ergänzung zu kommunalen, regionalen und staatlichen Gemeinwesen) in ein überkommenes Grundmodell der Hoheitsordnung im Spektrum zwischen Staatenbund und Bundesstaat wurde nicht unternommen. Kaum verwunderlich. Geschichte entwickelt sich, auch Europas Geschichte. Ahistorisch wäre ein Versteinern in Organisationsdogmen. Zukunftsbewusst ist allemal die Offenheit für die jeweiligen Zeiterfordernisse, die

---

113 *Ernst Wolfgang Böckeförde*, Die Entstehung des Staates als Vorgang der Säkularisation, in: *Ernst Wolfgang Böckeförde,* Recht, Staat, Freiheit. Studien zur Rechtsphilosophie, Staatstheorie und Verfassungsgeschichte, 1991, S. 92 (112).

114 Dazu z. B. *Eckart Klein*, Der Verfassungsstaat als Glied einer Europäischen Gemeinschaft, VVDStRL 50 (1991), S. 56 ff. (81); *ders.*, Auf dem Weg zum „europäischen Staat"?, in: Dieter Holtmann/Peter Riemer (Hrsg.), Europa: Einheit und Vielfalt – eine interdisziplinäre Betrachtung, 2001, S. 261 (277).; *Ingolf Pernice*, Zur Finalität Europas, in: Gunnar F. Schuppert/Ingolf Pernice/Ulrich Haltern (Hrsg.), Europawissenschaft, 2005, S.743ff.;aus politischer Sicht: Europäische Kommission, Weissbuch zur Zukunft Europas. Die EU der 27 im Jahr 2025 – Überlegungen und Szenarien, 2017.

115 Zu dieser Charakterisierung s. oben Fn. 43.

116 Dazu s. oben Fn. 18.

der Wunsch nach einem gedeihlichen Zusammenleben von mehr als einer halben Milliarde Menschen verschiedener Völker und Kulturen in Europa organisatorisch mit sich bringt. Diesen europäischen Lebens- und Überlebensvoraussetzungen wird die passfähige Formgestalt jeweils zeitgerecht zu folgen haben.

On the Purpose and Finality of the European Union

Franziska Feinauer

It was perfect timing: Coinciding with last year's EuropeDay – commemorating the Schuman Declaration of May 9th 1950 – the colloquium to celebrate the 75th birthday of Peter-Christian Müller-Graf was held in Heidelberg University's historic aula. The legal scholar and expert regarding the European Union was honored with contributions on the topic "On the Finality of the European Union – joint association and societal purpose in the European Court of Justice's rulings". The topic was chosen since the jubilant has invariably compared the European Union (EU) to a civil-law association, with reference to paragraph 705 of the German Civil Code. Additionally, he incorporated a public law aspect into this comparison utilising the concept of functional integration, which can be traced back to the German legal theorist and attorney Hans Peter Ipsen. The connecting element of the colloquium's contributions was the idea of the purpose of EU integration and the question of whether said integration also aims at a final organizational form.

A. Exploring the Evolution of the Concept of Functional Integration in German Legal Theory

The event began with a presentation by the current Dean of Heidelberg's Faculty of Law, Wolfgang Kahl, on the concept of functional integration. Kahl detailed the development of the term first introduced by Ipsen (1907–1998) and thus provided both foundation and framework for the colloquium. The origin of the concept of functional integration is found in international law, where the term first appeared in the mid-1960s. From 1969 to 1972, Ipsen then devoted himself to the concept's theoretical foundations and positive concretization. According to Ipsen, the European Community cannot be described as a state, but merely as an association with the aim of functional integration. Therefore, typical issues of state law such as the existence and effect of human and/or fundamental rights are less pressing. The association would not depend on principles of constitutional law either. Ipsen thus created an alternative understanding to the constitutional understanding of the European Community and opposed the Community's politicization and federalization. However, it should be noted that Ipsen used the concept less frequently in the last years of his academic life, the 1990s. In his final publications, he did not even apply the concept of functional integration at all, although it would have been appropriate. Kahl concluded that Ipsen had thus implicitly abandoned it. The concept was also not widely used by other academics, not even by his students. The reason for this probably being that the term had been criticized for its technocratic sterility since the early 1970s. Additionally, it was argued that seeing the European Community as purely an association lacked the potential to inspire future generations towards further European integration.

At the end of his presentation Kahl drew a rather sobering conclusion regarding Ipsen's development of the concept: only formal but not material success can be attributed to the term, additionally it was limited to German-speaking academic circles and largely overtaken by the reality of European constitutional law. The subsequent discussion particularly addressed the lack of material understanding of the concept of functional integration. In this context, it was pointed out that new challenges such as the climate, Ukraine and COVID-19 crises could potentially create a new material dimension for the term.

B. Legal Implications of an ever-closer European Union

Vassilios Skouris, former President of the European Court of Justice (ECJ), provided insight on the progress towards an ever-closer union of the peoples of Europe following Kahl. Skouris began with detailing the pursuit's historical foundations, tracing its origins back to key documents like the preamble of the Treaty establishing the European Economic Community (1957) and the Single European Act (1987). The Treaty on European Union (TEU) signed in Maastricht in 1992 not only affirms the goal of an ever-closer union, but also establishes a clear mandate for its realization. It lays out the objective of achieving a new level of integration of the peoples of Europe, with a focus on aligning this integration with their needs and concerns. The goal of an ever-closer union is also reflected in subsequent treaties such as Amsterdam (1999) and Nice (2003) through similar language. The Treaty of Lisbon (2009) reinforces this objective too by including it both in the preamble and in Article 1 TEU. Article 48, paragraph 2 TEU is significant in this context as it allows for the proposals of amendments aimed at reducing the competences transferred to the EU. This, Skouris noted, is a clear indication that the goal of an ever-closer union is no longer unchallenged.

Subsequently, he discussed how the ECJ deals with the contractual goal of an ever-closer union in its jurisprudence. Since this goal can hardly be at the center of a legal dispute before the ECJ, the court has not developed comprehensive jurisprudence on this topic. Rather, the ECJ deals with it in its "obiter dicta". This happened most recently in the Wightman judgment of 2018 in connection with Brexit. The ECJ ruled that it is possible for a Member State to unilaterally revoke its request to withdraw from the EU, in line with the goal of an ever-closer union. Otherwise, the ECJ's judgments only occasionally reference the concept. However, it has been integrated into the ECJ's jurisprudence to some degree. Skouris noted, that the principle has been increasingly weakened in recent years, first as a result of Brexit and the European Council's decision that the goal of an ever-closer union does not apply to the United Kingdom, and then by recent attacks by some Member States on the rule of law and democratic gains.

In his subsequent comment, Dominik Braun particularly emphasized that the term "Union of Peoples" does not refer to the EU directly, but rather to a more extensive concept. The emphasis should be on the people behind the states forming the union. Additionally, the EU does not have a mandate for expansion, but rather a mandate for integration without a fixed endpoint.

During the discussion of Skouris' presentation, current political events were addressed in particular. A lot of time was spent discussing the precise interpretation of the concept of the Union of European Peoples. The question was raised whether the goal of an ever-closer union can be located in the interpretation of the EU's four fundamental freedoms. Both the concepts of national identity and loyalty to the EU were also highlighted, with the latter being defined as a two-way rather than a one-way street.

C. Examining the Impact of European Legal Integration from a Norwegian Perspective

The Norwegian view on the EU's advancing legal integration was presented by Hans Petter Graver, former President of the Norwegian Academy of Sciences in Oslo. Although Norway is not a EU Member State, it is a member of the European Economic Area (EEA) and is therefore obliged to comply with certain EU laws. Using the Norwegian social insurance scandal of 2019 as an example, Graver showed how the Norwegian legal system, and by extension, the legal systems of other EEA members, are vulnerable to EU legal provisions. Graver added a new dimension to the purpose of the EU by demonstrating the extent to which EU law can have an impact beyond the Union's borders.

The Norwegian insurance scandal arose from a conflict between EU and Norwegian law. Norwegian law at the time stated that welfare benefits were only supposed to be granted to Norwegian citizens who were physically present in the country. Under this legal understanding, any Norwegian receiving benefits while not residing in Norway was guilty of fraud against the Norwegian Labour and Welfare Administration (NAV), which is responsible for distributing welfare. As a result of this legislation, many Norwegian welfare recipients living in EU Member States were convicted and penalized. However, this practice stood in direct conflict with EU law, specifically the principle of free movement within the European Economic Area. As a result, for several years, Norwegian authorities enforced an inapposite law to the disadvantage of their own citizens. Graver sees the primary cause of this scandal in the lack of knowledge about EEA law among lawyers in Norway. He also pointed to political reasons such as Norway's efforts to lower the cost of benefits that would be paid to citizens living abroad. In this context, the regulations of the EEA were seen as an unwelcome hindrance.

During the subsequent commentary, Julia Lübke noted that the success of European integration hinges on its acceptance in the communities affected. In this instance, it would have been imperative for Norwegian judges to understand when and how they should apply EU law. According to Lübke, the scandal illustrates the importance of proper implementation of EU law. In addition, it was noted during the discussion that European legislators already have the duty to anticipate and prevent difficulties in the application of the law by providing clear interpretive guidance. If they fail to fulfill this duty, the successful implementation of European legal integration may be hindered.

D. Unification of European Civil Law Exemplified by EU Regulations and ECJ Preliminary Rulings

The final speaker, Lajos Vékás, Vice President of the Hungarian Academy of Sciences in Budapest, addressed the Europeanization of international private and procedural law as a functional aspect of the Union's purpose.

Vékás began his presentation with an overview of the EU regulations' status: since the Amsterdam Reform Treaty, the law of the Member States has been unified through regulations, which is primarily supported by Article 81 of the Treaty on the Functioning of the European Union (TFEU). Vékás emphasized that the EU uses regulations to unify the laws of its Member States, supported by Article 81 of the Treaty on the Functioning of the European Union (TFEU). Large parts of civil law have already been unified through regulations, such as laws concerning contractual (Rome I Regulation) as well as extra-contractual (Rome II Regulation) liabilities. Alimony and spousal support laws, as well as inheritance laws, are also largely unified across the EU. The unification of family law proved more difficult and required the use of the instrument of enhanced cooperation under Articles 326–334 TFEU. However, areas such as international property law, marriage law, and adoption law are not yet unified, resulting in conflicting laws within the Member States. Vékás stated that despite these gaps, the level of unification of European private law is remarkable. The task of maintaining this level of unification falls on the courts, which can interpret regulations using preliminary rulings of the European Court of Justice. Vékás stated that the Principle of Autonomous Interpretation is the foundation of the European Court of Justice's interpretation practice. This principle requires that the terms of European Community Law be interpreted independently and consistently throughout the EU, taking into account not only the wording of the regulation but also its objectives. Examples of Autonomous Interpretation include the concepts of a person's habitual place of residence and the concept of civil matters. The former is often the primary point of reference in EU regulations and its understanding must be determined on a case-by-case basis. The latter is characterized by a wide interpretation, so that the concept of civil matters may also encompass measures that EU law assigns to public law and not civil law.

Vékás highlighted that the interpretation of "ordre public" clauses is crucial, as each regulation includes a general reservation clause to safeguard public order. He also pointed out that a European "ordre public" is said to exist when there is a convergence of values among Member States.

The European Court of Justice interprets the term narrowly, as according to its jurisprudence, a reference to public order is only possible if there is a threat that affects fundamental interests of society. Since the law governing naming rights has not yet been unified, clarification of the term often occurs in matters regarding naming rights. An example is the case of Sayn-Wittgenstein, in which the core issue was the conflict between freedom of movement of persons opposed to a Member State's national law with constitutional status. Ultimately, the ECJ decided in favor of national constitutional law.

Vékás furthermore noted the challenges faced by courts when confronted with legal matters that have multiple connections to foreign laws. Specifically, when the court is required to apply two different legal systems at the same time, one being that of the court being called upon and the other being that of the foreign law declared applicable. The situation becomes even more complex when mandatory provisions of international law originating from a third country come into play, too. This occurs when the case has a clear link to that third country. Examples of such laws can be found in import and export bans, embargo regulations, or consumer protection laws. As evidenced by the ECJ's Unamar-decision on commercial agency law and the Nikiforidis-decision concerning labor laws, these complexities can arise in different areas of law.

The lecture concluded by noting that the European Court of Justice plays a significant role in interpreting EU regulations through its preliminary decisions, which help to clarify the boundaries of the regulation in question's application. However, there is valid criticism that the legal reasoning in these judgments lacks precision, focusing more on outcome than on balanced argumentation.

E. The Defining Theme of the Colloquium: The Purpose of EU-Integration

The colloquium concluded with a "rapport de synthèse" from the honoree. For this, Müller-Graff identified four questions that dominated the colloquium's contributions.

The first question dealt with the definition of the EU's societal purpose. Müller-Graff stressed that this did not refer to a socio-empirically understood society. Specifically, this society is not characterized by the shared values of the Union, such as respect for human dignity, freedom, the rule of law, democracy, and human rights. Rather, the purpose of the EU is to create an association based on civil law. This association should aim for voluntary cooperation among its member states. Within the framework of the shared internal market, the transnational interlinking of vested interests of both natural and legal persons should be promoted. This is done according to the principle of the equal treatment of the member's legal systems.

Müller-Graff next examined which societal objective should be considered most normatively decisive for the Union as the second guiding question. According to Müller-Graf this goal is outlined in Article 3 of the EUT, which serves as the EU's mission statement, much like the articles of association of a limited liability company, and from which the aims of primary and secondary EU law are derived. Therefore, Article 3 EUT encompasses both a "leading goal triad" and an operational "main goal quartet".

The outlined "leading goal triad" includes the Union's goal to promote peace, shared core values and well-being of its people. According to Müller-Graff, this is to be criticized as very abstract and broad wording. The "main goal quartet" can be found in Article 3 paragraphs 2–5 of the EU Treaty: the creation of a single market, the establishment of a common space of freedom, security and justice without internal borders, the establishment of an economic and monetary union, and the Union's role in international trade and foreign and security policy. Regarding the establishment of a single market (first main goal of the quartet), the honoree stated that this is the central hub of EU-integration. He justified this statement with the market's conceptual importance for the Union's cohesion and its legislative competences, as well as with the jurisdiction of the ECJ over the area comprising the single market. The extensive cutback on border controls regarding the EU's internal borders (second main goal) has been repeatedly challenged by recent migration movements in 2015 and 2016, and by the COVID-19 pandemic. The freedom of movement within the EU depends fundamentally on an effective common policy towards third-country nationals and, in the case of refugees, on a fair distribution of responsibility across Member States. The EU would be moving in the direction of this main goal, for example, by strengthening the European Border and Coast Guard Agency or at least by adopting parts of the Commission's proposals for a new migration and asylum package. In terms of the Economic and Monetary Union (EMU) being the third main goal, there exists some friction from a German perspective, due to the fact that the debt limits are not being upheld. Müller-Graff stressed that those Member States which reap the benefits of the common market should also be willing to financially contribute to its cohesion. With regard to the objective of self-assertion (fourth main goal) in international trade, the EU is adopting a broad approach with its trading sectors. The European healthcare system is undoubtedly one area in which the EU serves as a role model. Irrespectively, the Union must also focus more on the military self-assertion, when it comes to defending European values and the European way of life. The third line of questioning running through the colloquium focused on whether current legal developments are moving on a path underpinned by competency. Müller-Graff began by examining ongoing political developments and asked whether more could have been done to support Ukraine, particularly with regard to the EU's obligation to promote peace outlined in Article 3 (5) of the EU Treaty. As a specific example, he cited the possible protection of Ukraine through formal EU membership. In reference to recent decisions by the ECJ on Poland, Hungary and Romania, Müller-Graff strongly denied the court overstepping its competencies and violating the principle of respect for national identity with its decisions. He justified this assessment by stating that the court's commitment to the rule of law outweighs the principle of respect for national identity. In terms of promoting democracy, it is important to ensure that the Member States are able to keep pace with the EU's democratic developments. Furthermore, it is necessary to prevent the democratic principles from eroding due to supranationality.

The "rapport de synthèse" ended with the answer to the fourth question, namely whether there was a need for modifying or even overcoming this purpose-driven thinking. This could be achieved through the EU becoming a state in its own right, its reduction to a mere economic area, or by amending the Union's founding treaties to enrich their purpose. The honoree then immediately qualified these considerations by stating that a state-like community cannot function without a clear purpose. In addition, reducing the EU to a mere economic area would contradict the political requirements of a functioning single market. In addition, Article 3 of the EU Treaty already contains all the necessary competencies, making an expansion of the purpose of the Union unnecessary. Therefore, it would be wise to maintain the purpose-driven thinking regarding the European Union, Müller-Graff concluded.

Autoren- und Herausgeberverzeichnis

Univ.-Professor Dr. Christian Baldus, Lehrstuhl für Bürgerliches Recht und Römisches Recht, Direktor des Instituts für geschichtliche Rechtswissenschaft (Romanistische Abteilung), Universität Heidelberg

Franziska Feinauer, LL.B., Wissenschaftliche Mitarbeiterin am Lehrstuhl für Bürgerliches Recht, deutsches und europäisches Wirtschafts- und Arbeitsrecht, Universität Mannheim

Univ.-Professor Dr. Christian Heinze, LL.M. (Cambridge), Lehrstuhl für Bürgerliches Recht, Handels- und Wirtschaftsrecht, Europarecht und Rechtsvergleichung, Direktor des Instituts für deutsches und europäisches Wirtschafts- und Gesellschaftsrecht, Universität Heidelberg

Univ.-Professor Dr. Dr.h.c. Wolfgang Kahl, Lehrstuhl für Öffentliches Recht, Direktor des Instituts für deutsches und europäisches Verwaltungsrecht, Direktor der Forschungsstelle für Nachhaltigkeitsrecht, Universität Heidelberg

Univ.-Professor Dr. Friedemann Kainer, Lehrstuhl für Bürgerliches Recht, deutsches und europäisches Wirtschafts- und Arbeitsrecht, Direktor des Instituts für Unternehmensrecht, Universität Mannheim

Univ.-Professor Dr. Dr.habil. Dr.h.c.mult. Peter-Christian Müller-Graff, Ph.D.h.c., MAE, Seniorprofessor für Bürgerliches Recht, Handels-, Gesellschafts- und Wirtschaftsrecht, Europarecht und Rechtsvergleichung, Institut für deutsches und europäisches Wirtschafts- und Gesellschaftsrecht, Universität Heidelberg

Univ.-Professor Dr. Dr.h.c.mult. Vassilios Skouris, emer. Universitätsprofessor für Öffentliches Recht an der Aristoteles-Universität Thessaloniki, Präsident des Europäischen Gerichtshofs a.D., Bucerius Law School Hamburg

Univ.-Professor Dr. Dr.h.c.mult. Lajos Vékás, emer. Universitätsprofessor für Privatrecht an der Juristischen Fakultät der Eötvös-Loránd-Universität Budapest, Gründungsrektor des Collegium Budapest

Stichwortverzeichnis

Stichwort	Fundstelle
Achtungsgebot der nationalen Identität	87, 106 (principle of respect for national identity)
actio pro socio	84
Agentur für die Europäische Grenz- und Küstenwache (*Frontex*)	92
Åkerberg-Formel	89
Äquivalenzgrundsatz	82
Arbeitnehmer	67, 79, 89
Arbeitskreis Europäische Integration e.V. (AEI)	→ Integration
Aufenthalt, gewöhnlicher	65 f.
Auslegung	
-abstrakte	69
- einheitliche	74, 82, 90
-(s)praxis des EuGH	**65 f.**, 74, 87, 103 f. (interpretation of the European Court of Justice)
- primärrechtskonforme	82
- der *ordre public*-Klauseln	**67-71**, 103 (interpretation of *ordre public*-clauses)
- teleologische	74, 83
Außen-, Sicherheits- und Verteidigungspolitik	86, 94-96, 105 (foreign and security policy)
Begriffsbildung	**5-7**, 16 f., 23 f., 34-38, 46
Binnenmarkt	6, 11, 16, 18, 81-83, 86, 90-94, 105
-ziel	11, 18
Böckenförde-Diktum	96
Brexit	12, 49, 52, 57, **58-61**, 63, 101
Bundesstaat	5, **25-30**, 40-43, 46 f., 49, 97, 100
Bundesverfassungsgericht (BVerfG)	11, 25, 34
Bürgerliches Gesetzbuch	18
Charta der Grundrechte (GRCh)	89
Corona-Pandemie	49, 92, 100, 105 (COVID-19 pandemic)
Datenschutz	83, 94
Demokratieförderung	**89 f.**, 104, 106
Demokratieprinzip	26 f., 39, 90

Stichwortverzeichnis

Dienstleistungsfreiheit	56, 84
Direktwirkung, horizontale	89
Drittstaat	67 f., 72
Effektivitätsgrundsatz	18, 82
Ehescheidung	64, 67-69
Eingriffsnorm	71-74
Einheitliche Europäische (Rechts)Akte (EEA)	33, 51, 100 (Single European Act)
Einzelermächtigung, Prinzip der begrenzten	26, 47, 81, 91
Erb- und Erbverfahrensrecht, internationales	64
Erfüllungsort	**71-74**
Europäische Gemeinschaft (EG)	5 f., 11, 16 f., 24-33, 39-45, 48, 51, 79, 81
Europäische Kommission	49, 56, 84, 87 f., 92, 105
Europäische Konvention zum Schutze der Menschenrechte und der Grundfreiheiten (EMRK)	56, 68
Europäische Gemeinschaft für Kohle und Stahl (EGKS)	80
Europäische Wirtschaftsgemeinschaft (EWG)	24 f., 30-34, 40 f., 78-80
Europäische Zentralbank (EZB)	18
Europäischer Rat	32, 59 f.
Europäischer Wirtschaftsraum (EWR)	12, 94 f., 102 (European Economic Area)
Europäisches Parlament	32 f., 87, 96
extra muros	55
Familienrecht, internationales	64, 103
Föderalismus	27, 37, 40, 80 f., 100
Freihandelsraum	96
Friedensförderung	78, 85, **86 f.**
Frontex	→ Agentur für die Europäische Grenz- und Küstenwache
Funktionalismus	28 f., 31, **38-41**, 44 f.
Gemeinschaftsprivatrecht	16 f., 79
Gemeinwesen, zielverpflichtetes transnationales	16, 84, 96
Gemeinwohl (Gesellschafts-) zweck	84-86, 90
Gesellschaftsrecht	**15**, 78, 79, 80-82, 84
Gewährleistungsrecht	83, 85
Gleichheitsgrundsatz	26, 65, 71
Grenzkontrolllosigkeit	86, **92**, 105

Stichwortverzeichnis

Grundfreiheiten	56, 67 f., 79, 91, 101, 104 f. (fundamental freedoms)
Grundrechte	26 f., 68, 71, 99 (fundamental rights)
Grundrechteförderung	87, **89**
Güterrecht, internationales	64, 103
Handelspolitik	94, 105 f. (trade policy)
Hauptzielquartett, operatives	78, 85 f., **91-95**, 105 f. (*operational main goal quartet*)
Hoheit	
-(s)aufgaben	25 f., 82 f.
-(s)gewalt	26 f., 47, 84
-(s)ordnung	97
-(s)verband	12
Homogenität, strukturelle	27
Identität	
europäische	51
nationale	70 f., 87, 101, 106 (national identity)
Integration	5-7, 11 f., 16 f., 24, 44 f., 52, 59 f., **77-82**, 100 f.
Arbeitskreis Europäische Integration e.V. (AEI)	10
differenzierte	12
funktionelle	→ Zweckverband
-(s)hebel	23
-(s)prozess und -entwicklungen	11, 32 f., 39 f., 48, 55 f., 78, 80, 86-95
Interpretation	103 f.
teleologische	74
Investitionen	9, 94
Justizielle Zusammenarbeit in Zivilsachen	63
Kollisionsrecht	64, 67 f., 74 f., 91 f.
Kompetenz	53, 63, 77 f., 83 f.
-begrenzung	26, 82, 85
-erweiterung	32, 83 f.
Kompetenz-Kompetenz	12, 29, 43, 47
Leitzieltrias	78, **85-91**, 105 (*leading goal triad*)
lex causae	71-74
lex fori	67-69, 71-74
Grundsatz der loyalen Zusammenarbeit	74, 82, 85, 101
Marktraum, gemeinsamer	80, 90 f., 93, 105 (common market)
Marktzugang	79, 81, 91, 96
Neues Migrations- und Asylpaket	92
Minderjährige	66

113

Stichwortverzeichnis

Montanunion	→ Europäische Gemeinschaft für Kohle und Stahl
Namensrecht, internationales	70
ordre public	**67**, 103
europäischer	**67-71**, 103 f.
Personenfreizügigkeit	56, 70 f., 104 f. (freedom of movement of persons)
Pflicht	
zum Beistand im Falle eines bewaffneten Angriffs auf das Hoheitsgebiet eines anderen Mitgliedstaates	86 f., 95
zur Nachfragevorlage	88
zur Pflichterfüllung	85
zur Unionstreue	→ Grundsatz der loyalen Zusammenarbeit
zur Unterlassung zielgefährdender Maßnahmen	85
zur Unterstützung bei der Erfüllung vertraglicher Aufgaben	85
Präambel	54
Privatautonomie	12, 48
Privatrecht	11 f., 15 f., 18, 67
Gemeinschaftsprivatrecht/ Unionsprivatrecht	11, **16 f.**, 79, 103 (European private law)
Privat- und Verfahrensrecht, internationales	**61-75**
Rat der Europäischen Union	29, 30
Rechtsstaatlichkeit	6, 25 f., 42 f., **87 f.**, 106
Rechtsstaatskrise	12, 49, **61**, 101
Sachenrecht, internationales	64
Schuman-Erklärung	36, 77, 99 (*Schuman Declaration*)
Selbstbehauptung	85 f., **94 f.**, 106
Selbstkonstituierung	95
Sockelfunktion/ - ziel	86, 91
Souveränität	11 f., 97
Staatenbund	5, 30, 34 Rn. 78, 97
Staatenverbund	**5 f.**, 12, 34, **46-48**, 106
Staatlichkeit	5, 11, **25 f.**, 31, 33, 42, 80, 95
Strukturelle Kongruenz	27, 90
Supranationalität	5, 11 f., 39, 48, 106 (supranationality)
System	11, 33, 61, 91, 93, 102, 105
-kohärenz	16
Mehrebenen-	17

Stichwortverzeichnis

- rationalität	11 f., 16
Ukraine	6, 10, 12, **86 f.**, 95, 100, 106
ultra vires	55, 82
Umweltschutz	11, 94
Union der Völker	**51 f., 54-58**, 60 f., 78, 85, 90, 100 f. (*Union of Peoples*)
Unionsbürgerschaft	56, 71, 83 f., 102 (citizens)
Marktbürger	23, 29
Unionsgerichtsbarkeit	11, 82, 105
Unterhalts- und Unterhaltsverfahrensrecht, internationales	64
Verbands	
-kompetenz	85
-(haupt)ziel	**91-95**, 105 f. (main goal)
-zweck	79-81, 85-91, 95, 105 f. (societal objective)
Verbraucherschutz	67, 72, 92, 94, 104 (consumer protection ((law))
Verfahren	
Ausschluss-	88
Änderungs-	53
Geldentzugs-	88
Rechtsetzungs-	90
Suspensions-	87 f.
Vertragsverletzungs-	87 f., 93
Vorabentscheidungs-	65, 68
Verfassungskonvent	85
Verhältnismäßigkeitsgrundsatz	18
Verschuldung	93, 105
Vertrag	
Amsterdam	49, 52, 54, 57 f., 63, 100, 103
Gründung der EWG	51
Lissabon	49, 52-54, 60, 63
Maastricht	49, 52 f., 100
Nizza	49, 52, 54, 57 f., 63, 100, 103
Verfassungsvertrag	52
Vertragsverletzungsklage	56
Vorbehaltsklausel	**67**, 69
Währungsunion	6, 32, 86, **94**, 105 (monetary union)
Werteförderung	**87-90**, 105
Wettbewerb	90, 93 f.
-(s)raum	83

Stichwortverzeichnis

-(s)recht	16
-(s)regeln	91
-(s)verfassung	15
-(s)verzerrungen	81-83, 93 f., 96
Willkürverbot	26
Wirtschaft	11, 25 f., 28, 30-32, 34 Fn. 78, 39 f., 44 Rn. 36, 72, 79, 106
-(s)raum	→ Europäischer Wirtschaftsraum
-(s)recht	6 f., 9, 12, 15 f., 18
-(s)union	6, 32, 86, **93,** 105 (economic union)
Wohlergehensförderung	78, **90 f.,** 105
Zuständigkeit	63 f., 81, 85, 91
gerichtliche	64, 92
Zweckverband auch: *Zweckverband funktioneller Integration*	5-7, 12, 15, **23-49,** 77-81, 84, 99 f., 106 (*joint association*; concept of *functional integration*)

Normenregister

AEUV (Vertrag über die Arbeitsweise der Europäischen Union)

Art. 21	71
Art. 81	63
Art. 119	70
Art. 122	6
Art. 126	93
Art. 127	88
Art. 259	84
Art. 326-334	64
Protokoll Nr. 21, Art. 4	63
Protokoll Nr. 22, Art. 1 u. 2	63

EGV (Vertrag zur Gründung der Europäischen Gemeinschaft)

Art. 61	63

EUV (Vertrag über die Europäische Union)

Art. 1	57, 83, 85
Art. 2	78, 87 f.
Art. 3	78, 81, 85 f.
Art. 4	71, 82, 85, 87
Art. 5	81, 90
Art. 7	90
Art. 13	84
Art. 19	87 f.
Art. 20	92
Art. 42	95
Art. 44	95
Art. 46	95, 87
Art. 48	53
Art. 49	87
Art. 50	57

EWG (Vertrag zur Gründung der Europäischen Wirtschaftsgemeinschaft)

Art. 36	26
Art. 119	26
Art. 173	26

GRCh (Charta der Grundrechte der Europäischen Union)

Präambel	52 f.
Art. 20	71

Brüssel-IIa-VO
(Verordnung (EG) Nr. 2201/2003 des Rates v. 27.11.2003 über die Zuständigkeit und die Anerkennung und Vollstreckung von Entscheidungen in Ehesachen und in Verfahren betreffend die elterliche Verantwortung und zur Aufhebung der Verordnung (EG) Nr. 1347/2000)

Art. 1	66
Art. 8	66

EVÜ
(Übereinkommen über das auf vertragliche Schuldverhältnisse anzuwendende Recht v. 19.06.1980)

Art. 7	72 f.

Rom-I-VO
(Verordnung (EG) Nr. 593/2008 des Europäischen Parlaments und des Rates v. 17.06.2008 über das auf vertragliche Schulverhältnisse anzuwendende Recht)

Art. 9	73 f.

Rom-III-VO
(Verordnung (EU) Nr. 1259/2010 des Rates v. 20.12.2010 zur Durchführung einer Verstärkten Zusammenarbeit im Bereich des auf die Ehescheidung und Trennung ohne Auflösung des Ehebandes anzuwendenden Rechts)

Art. 1	69
Art. 10	67, 69
Art. 12	69

Zum Kollisionsrecht generell unter Einbeziehung der
- Rom-III-VO
- Verordnung (EG) Nr. 4/2009 des Rates v. 18.12.2008 (Unterhaltssachen)
- Verordnung (EU) Nr. 650/2012 des Europäischen Parlaments und des Rates v. 04.07.2012 (EuErbVO)
- Verordnung (EU) 2016/1103 des Rates v. 24.06.2016 (Fragen des ehelichen Güterstands)
- Verordnung (EU) 2016/1104 des Rates v. 24.06.2016 (Fragen güterrechtlicher Wirkungen eingetragener Partnerschaften)

→ 64

Schengener Grenzkodex
(Verordnung (EU) 2016/399 des Europäischen Parlaments und des Rates v. 09.03.2016 über einen Gemeinschaftskodex für das Überschreiten der Grenzen durch Personen)

→ 89

GG

Art. 14	26
Art. 23	23, 90
Art. 100	25

BGB

§ 705	78, 82
§ 723	88
§ 737	88

Rechtsprechungsregister

Entscheidungen des Bundesverfassungsgerichts

Entscheidung	Fundstelle
BVerfG v. 5.7.1967, 2 BvL 29/63, BVerfGE 22, 134	25
BVerfG v. 12.10.1993, 2 BvR 2134/92, BVerfGE 89, 155	34, 55
BVerfG v. 30.6.2009, 2 BvE 2/08, BVerfGE 123, 267	90, 96
BVerfG v. 5.5.2020, 2 BvR 859/15, BVerfGE 154, 17	18, 88

Entscheidungen des EuGH

Entscheidung	Fundstelle
EuGH v. 14.12.1962, C-30/77	68
EuGH v. 5.2.1963, C-26/62	79
EuGH v. 4.12.1974, C-41/74	68
EuGH v. 16.12.1976, C-33/76	82
EuGH v. 20.2.1979, C-120/78	84
EuGH, 18.1.1984, C-327/82	65
EuGH v. 10.4.1984, C-14/83	82
EuGH v. 19.11.1991, C-6/90 u. C-9/90	82
EuGH v. 5.10.1994, C-165/91	82
EuGH v. 9.12.1997, C-265/95	82
EuGH v. 14.3.2000, C-54/99	68
EuGH v. 26.9.2000, C-262/97	82
EuGH v. 6.3.2008, C-98/07	65
EuGH v. 2.10.2003, C-148/02	70
EuGH v. 14.10.2004, C-36/02	68
EuGH v. 14.10.2008, C-353/06	70
EuGH v. 2.4.2009, C-523/07	65 f.
EuGH v. 22.6.2010, C-188/10 u. C-189/10	92
EuGH v. 22.12.2010, C-208/09	70
EuGH v. 26.2.2013, C-617/10	89

Rechtsprechungsregister

EuGH v. 11.7.2013, C-409/11	65
EuGH v. 17.10.2013, C-184/12	72
EuGH v. 2.6.2016, C-438/14	70
EuGH v. 18.10.2016, C-135/15	73
EuGH v. 6.9.2017, C-643/15 (*Schlussanträge von Yves Bot*)	61
EuGH v. 20.12.2017, C-372/16	65, 69
EuGH v. 4.10.2018, C-416/17	88
EuGH v. 6.11.2018, C-569/16 u. C-570/16	89
EuGH v. 10.12.2018, C-621/18	57
EuGH v. 31.1.2019, C-149/18	73
EuGH v. 18.6.2019, C-591/17	84
EuGH v. 18.5.2021, C-83/19	87
EuGH v. 15.7.2021, C-791/19	87
EuGH v. 16.2.2022, C-156/21	87
EuGH v. 16.2.2022, C-157/21	87

Entscheidung des Trybunał Konstytucyjny (Polen)

Entscheidung	Fundstelle
Trybunał Konstytucyjny v. 7.10.2021, K 3/21	87

Namensregister

Name	Fundstelle (Seite)
Badura, Peter	42 f.
Bilfinger, Carl	36
Bradford, Anu	94
Braun, Dominik	10, 83, 101
Bülck, Hartwig	28, 37 f., 40 f., 80
Clostermeyer, Claus Peter	82
Enzensberger, Hans Magnus	81
Everling, Ulrich	35, 38, 80
Friauf, Karl Heinrich	27
Fuß, Ernst-Werner	44
Graver, Hans Petter	10, 12, 19, 83 f., 91 f., 101 f.
Hallstein, Walter	27, 40, 46
Häberle, Peter	54
Ipsen, Hans Peter	6, 11 f., **23-49**, **78-81**, 84, 99 f.
Jellinek, Georg	37
Kaiser, Joseph Heinrich	42 f.
Kirchhof, Paul	34, 47
Lübke, Julia	10, 19, 83, 91 f., 102
Mager, Ute	19, 83
Martens, Wolfgang	44
Mitrany, David	29, 39, 41, 45
Möschel, Wernhard	9
Naumann, Friedrich	38
Nicolaysen, Gert	44
Ophüls, Carl Friedrich	27
Quaritsch, Helmut	44
Raape, Leo	72
Raiser, Ludwig	9
Reimer, Ekkehart	83, 90
Repasi, René	10, 12, 19, 83, 92
Savigny, Friedrich Carl von	64

Namensregister

Smend, Rudolf	38, 80
Thieme, Werner	24, 44
Wengler, Wilhelm	72
Zweigert, Konrad	80 f.